BRUCKMANNS MOTORRADFÜHRER

Elsass und Vogesen

ROADBOOKS – KARTEN – TIPPS

Matthias Hepper

BRUCKMANN

Unser komplettes Programm:
www.bruckmann.de

Produktmanagement: Carl-Christian Steinbeißer
Lektorat und Satz: imprint, Zusmarshausen
Repro: Cromika s.a.s., Verona
Kartografie: Anneli Nau, München
Umschlaggestaltung: artesmedia
Herstellung: Thomas Fischer
Printed in Italy by Printer Trento S.r.l.

Alle Angaben dieses Werkes wurden vom Autor sorgfältig recherchiert und auf den aktuellen Stand gebracht sowie vom Verlag geprüft. Für die Richtigkeit der Angaben kann jedoch keine Haftung übernommen werden. Für Hinweise und Anregungen sind wir jederzeit dankbar. Bitte richten Sie diese an:
Bruckmann Verlag
Produktmanagement
Postfach 80 02 40
D-81602 München
E-Mail: lektorat@bruckmann.de

Alle Abbildungen stammen von Matthias Hepper

Die Deutsche Nationalbibliothek – CIP-Einheitsaufnahme
Ein Titeldatensatz für diese Publikation ist bei der Deutschen Nationalbibliothek erhältlich.

© 2008 Bruckmann Verlag GmbH, München
ISBN: 978-3-7654-4843-0

Weitere Titel aus der Reihe
BRUCKMANNS MOTORRADFÜHRER

ISBN 978-3-7654-4632-0

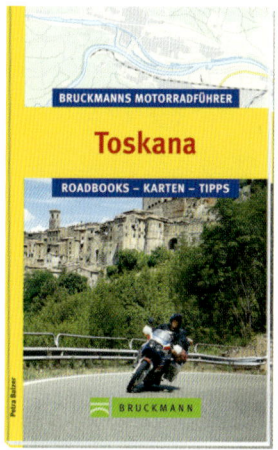

ISBN 978-3-7654-4853-9

ISBN 978-3-7654-4852-2

Franken
ISBN 978-3-7654-4881-2

Nordrhein-Westfalen
ISBN 978-3-7654-4842-3

Schwarzwald
ISBN 978-3-7654-4882-9

Vogtland
ISBN 978-3-7654-5015-0

**Das komplette Programm unter
www.bruckmann.de**

Inhalt

Elsass und Vogesen – Land und Leute	6
Praktische Hinweise	18
Kleiner Sprachführer	22

Die Touren

OUTRE-FORÊT

1. Erfahrungen im Grenzbereich — 24
   ca. 4,5 Stunden   177 Kilometer

PAYS DE HANAU

2. Zeitmaschine — 34
   ca. 4 Stunden   162 Kilometer

LE DONON

3. Die Sucht nach Kurven — 44
   ca. 6,5 Stunden   252 Kilometer

HAUTES VOSGES

4. Stille Berge — 56
   ca. 5 Stunden   199 Kilometer

Inhalt

ROUTE DES CRÊTES
5 Ballons und Gipfelglück   **68**

ca. 6 Stunden   250 Kilometer

HAUTES VOSGES LORRAINES
6 Hinterwäldlerblues   **80**

ca. 6 Stunden   235 Kilometer

HAUTES VOSGES
7 Perle der Vogesen   **92**

ca. 4,5 Stunden   180 Kilometer

ROUTE DU VIN
8 Im Zentrum der Genüsse   **104**

ca. 4 Stunden   158 Kilometer

VOSGES SAÔNOISES
9 Zwischen den Zeiten   **116**

ca. 5 Stunden   210 Kilometer

SUNDGAU
10 Von Kurven und Karpfen   **130**

ca. 4 Stunden   159 Kilometer

Register   **142**

Elsass und Vogesen

Elsass und Vogesen – Land und Leute

Land und Leute

In der Fremde – aber doch zu Hause. Kein Landstrich, in dem Europa so gelebt wird wie im Elsass. Französisches Savoir-vivre und alemannische Gemütlichkeit. Schmelztiegel der Nationen. Völkerwirrwarr und Kauderwelsch. Oft ob des Akzents gehänselt und doch aufgrund der germanischen Ordnung und Schaffenskraft bewundert – die Elsässer. Keine richtigen Franzosen und schon gar keine Deutschen. Gut die Hälfte aller Bewohner spricht zwar noch »Ditsch« und Französisch; wer aber plump auftritt, wird auf Französisch abserviert. Sich treu zu bleiben, ist immer schon schwer gewesen.

Wonneproppen in Cirey-s.-Vezouze

Von vorne bis hinten

Egal ob vorne oder hinten: Das Elsass und die Vogesen bilden für Reisemotorradler eine geradezu göttliche Einheit. Vorne in der Rheinebene flach und nur selten kurvig; hinten in den Vogesen dafür eine Traumstrecke an der anderen: Kurven bis zum Abwinken, gut ausgebaut und fein asphaltiert.

Linke Seite: Malerisches Petit Venice in Colmar

Elsass und Vogesen

Kulinarisch dagegen verhält es sich genau umgekehrt: Im Flachland und in den Ausläufern der Vogesen buhlen Gourmet-Tempel um das Schlemmerlebnis, während es hinter den Bergen meist mager aussieht. Dafür reiht sich an der Weinstraße ein idyllisches Fleckchen an das andere. Und ein Dorf übertrumpft das nächste beim »Ville Fleurie«. Eine Hinweistafel am Ortsschild zeigt, was man erwarten darf:

Land und Leute

Ein Kleeblatt bedeutet »so, lala«, bei zweien grünt's ordentlich, drei verheißen eine üppige Blütenpracht, vier gar ein »formidables« Blütenmeer.

Ganz nebenbei bilden die Vogesen eine willkommene Barriere für dunkle Regenwolken. Dieser Umstand macht Colmar zu einer der regenärmsten Städte Frankreichs. Dagegen liegt auf der Route des Crêtes, der Vogesenkamm-

Durchs Buddeln reich geworden – das idyllische Silbertal.

Elsass und Vogesen

straße, schon mal bis in den April hinein Schnee. Dafür weht hier oben im Sommer, ganz im Gegensatz zur meist schwülen Ebene, immer ein kühles Lüftchen. Besonders schön ist es im April und Anfang Mai, wenn überall die Obstbäume blühen. Aber auch von August bis Oktober und insbesondere zur Weinlese lässt es sich bei angenehmen Temperaturen hervorragend touren.

Hin und Her

Die Geschichte der Region ist bewegt. Spielball zwischen den Fronten und Sprachen. Mal Französisch, mal Deutsch. Allein seit dem Krieg 1870/71 wechselte Elsass-Lothringen vier Mal den Besitzer. Rechnet man weiter zurück, kommt leicht noch einmal dieselbe Summe zusammen. Und überall finden sich Zeugnisse der Epochen von hüben und drüben. Romanisch und gotisch geprägte Kirchen, Renaissance und Barock beim weltlichen

Land und Leute

Besitz. Vom blutigen Zerren der Mächte am »schönen Garten«, wie es Ludwig XIV. entzückt entfuhr, zeugen Soldatenfriedhöfe, Denkmäler und Bunkeranlagen. Die zahllose Narben der Vergangenheit sind allgegenwärtig.

Sich treu bleiben konnten die Elsässer kaum. Gab es einen neuen Besitzer, versuchte dieser durch Einbürgerung

Selbst im April kann noch Schnee liegen.

Elsass und Vogesen

der eigenen Landsleute die anderen quasi hinauszudrängen. Nach dem Krieg 1870/71, bei dem die Region als »Reichsland Elsass-Lothringen« dem wilhelminischen Kaiserreich einverleibt wurde, flüchteten mehr als 50.000 Elsässer. Dafür wurden sogenannte Altdeutsche aus dem Reich in die Provinz umgesiedelt. Diese Einwanderer, fast ein Sechstel der Gesamtbevölkerung, bildeten nun die Führungskräfte in der Verwaltung und im Militär. Auch die Lehrer trieben die Politik der Eindeutschung und Entwelschung flott voran. Im Ersten Weltkrieg dienten rund 200.000 »Freiwillige« in der deutschen, nur etwa 20.000 Elsässer in der französischen Armee. Eine Zerreißprobe für viele Familien. Nach Kriegsende entlud sich der aufgestaute Hass in der Vertreibung der Altdeutschen. Sämtliche Stellen wurden statt mit Elsässern gleich mit Franzosen besetzt, und Dialekt zu sprechen war verpönt.

Doch ein richtiges Zugehörigkeitsgefühl zu Frankreich entstand trotzdem nicht. Da brauchte es erst den Nationalsozialismus. Der deutschte alles rigoros ein, kippte das Französische über den Jordan, verbrannte, schaltete gleich, schürte Hetzkampagnen und erzog in seinen Lagern um. Groß war deshalb die Freude nach der Befreiung. Zum Dank gliederte man sich Frankreich wieder so vollständig an, dass deutsche Sprache, Mundart und elsässische Identität gleich mitabgegeben wurden. Erst die 68er-Jahre und die Geburt der europäischen Anti-Atomkraft-Bewegung 1975, als auf deutschem Boden bei Wyhl ein Atomkraftwerk entstehen sollte, riefen ein Aufbegehren gegen den Obrigkeitsstaat, gleich welcher Nationalität man war, ins Leben. Die deutsche Umweltbewegung und die elsässische »Nachkriegsrenaissance« waren geboren. Dialekt war wieder schick. Man spricht in diesem Zusammenhang auch von »Protestmundart«. Deutsch wurde in den Schulen wie-

Die Felsenfestung Haut Barr bei Saverne

Elsass und Vogesen

der unterrichtet, ein reger Austausch entwickelte sich. Die Region lebte Europa vor.

Wo Genuss Geschichte hat

Zweitausend Jahre Weinbau. Da darf von Tradition gesprochen werden – den Römern sei Dank. Später wurden jene von den Barbaren vertrieben, die wiederum von den Franken und Alemannen. Als das Christentum Fuß fasste, blieb nur eines beim Alten: der Wein. Schon im 15. Jh. hatte das elsässische Anbaugebiet mit 30000 Hektar seine größte Ausdehnung. Heute sind es nur mehr 13.000 Hektar. Wälder und Ackerflächen haben sich ein großes Stück zurückerobert.

Festtagsschmuck im Elsass

Doch die Wirren der Zeiten gingen am Weinbau nicht spurlos vorüber. Bereits im 13. Jh. wurden Edelsorten wie Muskateller, Riesling und Traminer gepflanzt, und zwischen qualitativ hochwertigem und schlechtem Wein wurde unterschieden. Von dieser Differenzierung kam man im anarchischen 18. Jh. ab und pflanzte wild durch die Gegend: Feldrot, Kurzrot, Verracker oder weißen, grauen, roten und schwarzen Muskat. Auch in wilhelminischer Zeit unterschied man nicht zwischen Edel- und Konsumweinen. Erst nach 1918 besann man sich althergebrachter Rebsorten, um den Anschluss an die innerfranzösische Qualitätsweinkonkurrenz nicht zu verlieren. Die trockenen, aber

Land und Leute

dennoch bukettreichen Elsässer Weine erhielten im Jahr 1962 die Qualitätsbezeichnung AOC (Appellation d'origine contrôlée). Die Tropfen müssen im Ursprungsland abgefüllt werden, einen bestimmten Alkoholgehalt haben, von festgelegten Sorten und Flächen stammen usw. Sieben Sorten gilt es zu genießen: den frisch-fruchtigen Pinot Blanc (Weißburgunder), den leichten, trockenen Sylvaner, den fruchtigen, als heller Roter oder Rosé angebauten Pinot Noir (Blauer Spätburgunder) sowie den klassischen Riesling, den parfümierten, starken Gewürztraminer, den kräftig-vollen Tokay Pinot Gris (Grauburgunder) und den aromatischen Muscat d' Alsace (Muskateller). Die letzten vier können, nach Erfüllung weiterer Auflagen, die Bezeichnung »Grand Cru« erhalten.

Kriegsgräberstätte am Col de Wettstein

Elsass und Vogesen

Das Elsass ist allerdings nicht nur für Weinliebhaber ein Paradies. Alemannische Deftigkeit, gepaart mit französischer Raffinesse, das beflügelt die Küche zu wahrhaft sagenhaften Kreationen. Auf dem untersten Level der nach oben offenen preislichen Richterskala liegt die deftige Melkermahlzeit auf der Almwirtschaft (**Ferme-auberge**) oder die »tarte flambée«, ein hauchdünner Brotteig, der, mit Crème fraîche, Speck und Zwiebeln belegt, frisch aus dem Steinbackofen kommt. Die nächste Stufe bildet die **Winstub**, die preislich über den Fermes liegt und teilweise sehr teuer werden kann. Hier regiert meist die angestammt Küche mit deftigen, kalorienreichen Köstlichkeiten – eben so, wie es Bauer, Winzer und Bürger einst gerne hatten. Die Basis bilden Schwein und Sauerkraut. Gegessen wird das Borstenvieh in allen Variationen: gebraten, gesotten, gekocht, verwurstet zu Pasteten und Sülzen, zu Speck verarbeitet, als Schinken geräuchert. Zu fast jedem Gericht gibt es Sauerkraut (Choucroute oder Sürkrüt). So thronen auf dem »choucroute royale« gar königliche Mett- und Knackwürstchen, Schweinebauch, Haxe und Kassler. Ein Schrei der Empörung lief in den 70er-Jahren durchs Land, als Guy-Pierre Baumann, der sich in Paris einen Namen machte, erstmalig Fisch aufs Sauerkraut legte. Nachdem dieser knapp der Selbstjustiz entgangen, nahmen viele Köche sich daran ein Beispiel und warfen die fettige Tradition über Bord. Jetzt findet man auf Sauerkraut nicht nur Fisch, sondern auch Fasan, Rebhuhn, eingemachte Ente, Schnecken oder sogar Gänsestopfleber.

Das Nationalgericht des Elsass ist jedoch der »Baeckeoffe« (Bäckerofen). Am traditionellen Waschtag, dem Montag, wurde einst vom sonntäglichen Festschmaus übrig gebliebenes Fleisch mit Gemüse, Gewürzen und Weißwein in eine Auflaufform gegeben. Diese gab die Hausfrau mit

Land und Leute

Brotteig versiegelt beim Bäcker ab und sparte sich so die Zeit für die Kocharbeit. Doch nicht nur beim Bäckerofen wurde viel mit Wein hantiert – insbesondere Geflügel lässt man gerne darin schwimmen, was dann den berühmten »coq au Riesling« ergibt.

Paradestück: Pariser Balkon

Elsass und Vogesen

Praktische Hinweise

ALLGEMEIN

Zwischen weiten Wäldern und fließenden Sprachübergängen findet sich ein unbeschreibliches Eldorado für Gourmets, Kurvensüchtige und Kunstliebhaber. Im farbenfrohen Elsass werden Weine gezogen, die zu den größten der Welt zählen, und sagenhaften Köstlichkeiten auf den Tisch gestellt. In der strategisch günstig gelegenen Region sorgen die unterschiedlichsten Landschaftsformen für eine abwechslungsreiche Tour. Burgen, Schlösser und Kirchen zeugen von einer bewegten Geschichte. Zur Besinnung mahnen aber auch Zeugen der jüngeren Vergangenheit – Bunkeranlagen, Konzentrationslager und Kriegsgräberstätten.

KLIMA UND REISEZEIT

Bereits im März lässt sich das in der Rheinebene gelegene, gut geschützte Elsass bereisen. Doch da hält sich der Motorradspaß noch in Grenzen, denn in den Vogesen geht es erst ab April so richtig los. Und selbst dann sind oft noch nicht alle Straßen schneefrei. Richtig schön wird's erst im Mai. Im Juli ist es in der Ebene teilweise unerträglich schwül, und ab August bis weit in den Oktober hinein ist dann noch einmal Bikersaison.

Einkaufen in Saverne

ANREISE

Von Norden her erreicht man das Elsass über die A 6. Von Saarbrücken gelangt man so nach Frankreich und trifft auf die dortige A 4. Die wiederum führt nach Strasbourg. Von allen anderen deutschen Gegenden gelangt man über mehrere Ausfahrten entlang der A 5 ins Elsass.
Wer allerdings eine sehr weite Anfahrt auf sich nehmen muss, kann bequem per Autoreisezug ins Zielgebiet gelangen. Je nach gewünschtem Ausgangspunkt stehen mehrere Zielbahnhöfe zur Auswahl. Die beste Möglichkeit darunter ist Lörrach im Dreiländereck bei Basel.
Infos: DB Autozug, Postfach 1111, 04112 Leipzig; täglich 8–22 Uhr unter der Servicenummer 0 18 05/24 12 24 (12 Cent/Minute) oder im Internet unter www.dbautozug.de.

ÖFFNUNGSZEITEN

Einkaufszentren (centres commerciaux) im Einzugsbereich größerer Städte sind im Allgemeinen (auch samstags) von 9 bis 19 Uhr, oft sogar bis 21 Uhr geöffnet. Kleinere Einzelhandelsgeschäfte unterliegen praktisch keinen festen Regeln. So sind Lebensmittelläden und Bäckereien teilweise auch sonn- und feiertags und dann besonders am Morgen geöffnet. Die Mittagspause dagegen ist lang und dauert von 12 bis 14 oder 15 Uhr. Postämter haben von 8 bis 19 Uhr und am Samstag von 8 bis 12 Uhr geöffnet (Mittagspause beachten!). Die gleichen Öffnungszeiten gelten für Sehenswürdigkeiten und Museen, von denen dienstags viele geschlossen sind. **ACHTUNG:** Fast alle Tankstellen auf dem Land haben Samstagnachmittag und Sonntag geschlossen. Also unbedingt vorher volltanken. Man wird aber auch in Großstädten oder entlang der Nationalstraßen (mit N gekennzeichnete Bundesstraßen) fündig.

INFORMATION

Maison de la France
Westendstraße 47
D-60325 Frankfurt am Main
Tel. 01 90/57 00 25
(nur Prospektversand)
www.franceguide.com
Association Départementale du Tourisme du Haut-Rhin
1, rue Schlumberger, BP 337
F-68006 Colmar Cedex
Tel. 0033/389/20 10 68
Fax 0033/389/23 33 91
Office Départementale du Tourisme du Bas-Rhin
9, rue du Dôme, BP 53
F-67061 Strasbourg Cedex
Tel. 0033/388/15 45 80
Fax 0033/388/75 67 64
www.tourisme68.asso.fr oder www.visite-alsace.com/index.html

ÜBERNACHTUNG

Hinweise bei den einzelnen Touren beachten oder über das Fremdenverkehrsamt (siehe Adressen) Broschüren anfordern. Zur Auswahl stehen wie üblich Hotels, Pensionen und viele Campingplätze, aber auch bei den »Fermes-auberges« wird man fündig.

Elsass und Vogesen

DIE FINANZEN

Preise in Einkaufsläden liegen auf deutschem Niveau. Übernachtungen kosten meist mehr als in Deutschland. Und das kärgliche Frühstück besteht oft aus Croissant oder Weißbrot mit Butter und Marmelade. Wer preisbewusst speisen möchte, sollte sich unbedingt an die »Fermes-auberges« halten. Normale Restaurants sind gut ein Drittel teurer als hierzulande. Dort fährt man noch am besten mit dem Tagesmenü. Am meisten blättert man aber in der traditionellen »Winstub« auf den Tisch. Dafür bekommt man aber auch ein hervorragendes, regionaltypisches Essen.

NOTRUF/ PANNENHILFE

Vor Ort Notarzt: 15
Polizei: 17
Feuerwehr: 18
In Deutschland
Pannenhilfe: ADAC
0049/89/22 22 22
(Beratung nach Unfällen, Diebstahl usw.)

Praktische Hinweise

Töpferwaren mit langer Tradition

Trotzdem empfehlen die Krankenkassen den Abschluss einer Urlaubszusatzversicherung.

PARKEN

Falsches Parken kann teuer werden, und manchmal wird sogar abgeschleppt. Im Allgemeinen stellt man sein Motorrad dort ab, wo einheimische Maschinen oder Roller stehen.

TELEFONIEREN

Wie fast überall in Europa sind auch im Elsass Münztelefone vom Aussterben bedroht. Daher besorgt man sich am besten eine noch frisch verpackte Telefonkarte (télécarte) in Postämtern, Tabakläden oder Bars. Vorwahl nach Deutschland 0049; die Null der nachfolgenden Ortsnetzkennzahl entfällt.

0049/89/76 76 76 (Ambulanzdienst, Telefonarzt)

KRANKHEIT

Rechtzeitig vor der Abreise sollte man sich den Anspruchsberechtigungsschein E 111 bei seiner Krankenkasse besorgen. Die Rechnung muss man trotzdem zunächst selbst bezahlen. Die Auslagen werden unter Vorlage des E 111 und dem vom Arzt ausgefüllten Behandlungsvordruck zurückerstattet. Kohle gibt's von der Caisse Primaire d'Assurance Maladie, 16, rue Lausanne, F-67000 Strasbourg, Tel. 0388/76 88 88, oder von der eigenen Kasse.

Elsass und Vogesen

Kleiner Sprachführer

Allgemein

Guten Morgen/Tag	*Bonjours [bongschur]*
Guten Abend	*Bonsoir [bongsuar]*
Hallo/Tschüss	*Salut [salü]*
Ja/Nein	*Oui [ui]/Non [nong]*
Bitte/Danke	*S'il vous plaît [sil wu plä]/Merci [märsi]*

Essen und Trinken

Die Speisekarte bitte.	*La carte, s'il vous plaît. [la kart sil wu plä]*
Die Rechnung bitte.	*L'addition, s'il vous plaît. [ladisjong sil wu plä]*
Frühstück	*petit déjeuner [pti dehschöneh]*
Vorspeise	*hors d' oeuvres [ordöfre]*
Mittagessen/Abendessen	*déjeuner/dîner [dehschöneh/dine]*

Im Hotel

Haben Sie noch ...?	*Est-ce que vous avez encore ...?* [äs kö wus aweh angkorr]
... ein Einzelzimmer?	*... une chambre pour une personne?* [ün schangbr pur ün pärsonn]
... ein Doppelzimmer?	*...une chambre pour deux personnes?* [ün schangbr pur döh pärsonn]
... mit Bad?	*... avec salle de bains? [awäk sal dö bäng]*
... für eine Nacht?	*... pour une nuit? [pur ün nüj]*
... für eine Woche?	*... pour une semaine? [pur ün sömän]*
Was kostet das Zimmer mit ...	*Quel est le prix de la chambre,* [käl ä lö prid la schangbr]
... Frühstück?	*... petit déjeuner compris? [pti dehschöneh kogpri]*
... Halbpension?	*... en demi-pension? [ang demi pangsjong]*

Notfälle

Rufen Sie bitte schnell ...	*Appelez vite... [apleh wit]*
... einen Krankenwagen	*une ambulance [ün angbülangs]*
... die Polizei	*la police [la polis]*
... die Feuerwehr	*les pompiers [leh pongpjeh]*

Kleiner Sprachführer

Unterwegs

links	à gauche [a gohsch]
rechts	à droite [a druat]
geradeaus	tout droit [tu drua]
nah	près [prä]
weit	loin [luäng]
Welches ist der kürzeste Weg nach/zu ...?	Quel est le chemin le plus court pour aller à ...? [käl ä lö schömäng lö plü kur pur ale a]
Ich habe eine Panne.	Je suis en panne. [schö süis ang pan]
Gibt es in der Nähe eine Werkstatt?	Est-ce qu'il y a un garage près d'ici? [äs kil ja äng garasch prä disi]
Wo bitte ist die nächste Tankstelle?	Pardon, Mme/Mlle/M., où est la station service la plus proche, s'il vous plaît? [pardong, madam/madmusäl/mösjöh u ä la stasjong särwis la plü prosch sil wu plä]
Volltanken, bitte.	Le plein, s'il vous plaît. [lö pläng sil wu plä]
bleifrei	du sans-plomb [dü sang plong]

Die Zahlen

0 zéro [sehroh]
1 un, une [äng, ühn]
2 deux [döh]
3 trois [trua]
4 quatre [katr]
5 cinq [sängk]
6 six [sis]
7 sept [sät]
8 huit [üit]
9 neuf [nöf]
10 dix [dis]
11 onze [ongs]
12 douze [dus]
13 treize [träs]
14 quatorze [kators]
15 quinze [kängs]
16 seize [säs]
17 dix-sept [disät]
18 dix-huit [disüit]
19 dix-neuf [disnöf]
20 vingt [wäng]
21 vingt et un, une [wängt-eh äng, ühn]
30 trente [trangt]
40 quarante [karangt]
50 cinquante [sängkangt]
60 soixante [suasangt]
70 soixante-dix [suasangt dis]
80 quatre-vingt [katrö wäng]
90 quatre-vingt-dix [katrö wäng dis]
100 cent [sang]
200 deux cent [döh sang]
1000 mille [mil]

Tour 1

Erfahrungen im Grenzbereich

Outre-Forêt

TOUREN-CHECK

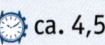 ca. 4,5 Stunden 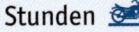 177 Kilometer

 Einfache Tour mit kleinem Schotteranteil, der für jegliche Art von Motorrädern sehr einfach zu meistern ist. In der Schwierigkeitsskala für Motorradfahrer (1 leicht, 10 sehr anspruchsvoll) verdient diese Tour eine 4.

Wenn im Frühjahr die Natur erwacht und andernorts noch Schnee liegt, kann man in der nördlichen Grenzregion schon genüsslich reisen. Dass dies nicht immer der Fall war, wird an allen Ecken und Enden deutlich: Kaum zu übersehen sind die unzähligen Hinweisschilder auf Denkmäler, Kriegsmuseen, Schlachtfelder und Bunkeranlagen. Gleich nach Wissembourg schwingt sich die Strecke über unbewaldete Flächen sanft empor. Der Blick gleitet über eine idyllische Feld-, Wald- und Wiesenlandschaft. Links die Rheinebene und rechts die Ausläufer der Nordvogesen. Alles zusammen höchst geschichtsträchtiger Boden. Rechts, am Abzweig nach Hunspach, ragen – gigantischen Stahlerbsen gleich – die gepanzerten Kuppeln des

Die Deutsche Schuhstraße

Tour 1

Special

Siebenhundert Kilometer misst die Maginot-Linie von Belgien bis hinunter ans Mittelmeer. Sie wurde als lockeres, aber unüberwindliches Bollwerk gegen deutsche Invasoren in den 30er-Jahren errichtet. Namensgeber war André Maginot, der damalige Kriegsminister. Das System mit seinen in die Tiefe gefächerten Bauwerken bestand aus vielen verschiedenen Komponenten, in der Hauptsache aber aus Kasematten als Vorposten und stark bewaffneten Artilleriewerken als Hauptverteidigungslinie.
Ziel war es, nur eine kleine Truppe an die Bunker zu binden und den Rest beweglich zu halten. Doch dann kam alles anders. Durch eine Finte wurden 1940 alle beweglichen alliierten Streitkräfte nach Nordosten gelockt und von einer über die Ardennen vorrückenden Panzerarmee vom Nachschub abgeschnitten. Dieser »Sichelschnitt« war Anfang und Ende des Blitzkriegs in Frankreich. Die Maginot-Bunker jedoch blieben unbesiegt.

Artilleriewerks Schoenenbourg aus dem Grün der Wiesen. Nach dem Abzweig säumen Betonpilze den Weg. Die so genannten Kasematten dienten Maschinengewehrschützen und Panzerabwehrkanonen als Deckung.

Wo Giebel miteinander schmusen

Hunspach hingegen gleicht einem Bilderbuchdorf. Dicht an dicht stehen die Fachwerkhäuser und pressen ihre windschiefen Giebel aneinander. Üppige Blumenpracht verziert die Fenstersimse. Und manchmal funkeln sogar noch Butzenscheiben dahinter. Vorbei am mächtigen Bunkerportal bei Schoenenbourg führt die Strecke über weitere kleine, verschlafene Ortschaften und manch versteckten Pass. Ein kleines Stückchen Schotter sorgt noch schnell für Salz in der Tourensuppe, und schon steht man in Deutschland. Kurz nach der einstigen Grenze lädt der Wild- und Wanderpark Silz zu einer kleinen Runde auf Schusters Rappen ein, um der heimischen Tierwelt einen Besuch abzustatten.

Landschaftlich, vor allem farblich, hat die Gegend einiges zu bieten. Hinter dem Braun der weiten Riedlandschaften erklimmen grüne Tannenwälder die von rotem Buntsandstein gekrönten Berge. Entspanntes Dahingleiten ist angesagt, um die bizarren Formationen im Dahner Felsenland gebührend zu betrachten. Nach dem Kurort Bad Berg-

Outre-Forêt

Aussichten gibt es allerorten.

zabern führt die Route nach Bundenthal, von wo aus einst deutsche Eisenbahngeschütze tödliche Granaten auf die französischen Bunkeranlagen bei Schoenenbourg und Lembach schickten.

Kurvenrausch auf der Schuhstraße

Doch zurück zur Natur. Die steht hier unter ganz besonderem Schutz, denn sie wurde 1989 von der UNESCO zum Biosphärenreservat erklärt. Sehr interessant ist diesbezüglich das Erlebniszentrum in Fischbach. Noch schöner allerdings sind die Schräglagen auf dem Weg nach Eppenbrunn. Deutsche Schuhstraße nennt sich dieses herrliche Stückchen Asphalt, das genau auf Motorradfahrer zugeschnitten ist.

Hinter Eppenbrunn geht's auf einer ebenso knuffigen Bergstrecke wieder hinein in die Vogesen und mitten durch ein Militärgebiet. Vorsicht heißt es hier, denn mehrere Panzerübergänge queren die Straße bis nach Bitche. Der Ort selbst ist seit eh und je Garnisonsstadt und wird von einer mächtigen, alles beherrschenden Festung aus dem 17. Jh. überragt. Diese entstand einmal mehr unter Vauban, dem Festungsbaumeister Ludwigs XIV., auf dessen zackige Bauwerke man oft in Frankreich stößt. Die Besichtigung versetzt einen durch geschickt installierte Licht-

Tour 1

und Toneffekte geradewegs in die Atmosphäre der Belagerung der Jahre 1870/71.

900 Jahre Kriegswahn

Wieder im Heute kann man sich auf den folgenden Kilometern treiben lassen. Nur selten wird die Strecke von Ortschaften unterbrochen, und bizarr erodierte Felsen zieren den Weg. Dass selbst im Mittelalter in der Grenzregion schon gerne gebuddelt und gebaut wurde, ist nicht zu übersehen: Kaum ein Bergsporn, den nicht eine Burg oder eine Ruine schmückt – Zeugen von fast 900 Jahren Kriegswahn.

Wer sich Schoenenbourg am Vormittag gespart hat, kann nun bei Lembach den Four à Chaux (Kalkofen) besichtigen – eine typische Maginot-Anlage. Nicht nur zur Abwechslung, sondern weil es einfach richtig romantisch ist, sollte man am späten Nachmittag oder frühen Abend die Wissembourger Altstadt zu Fuß erkunden. Mit ihren historischen Gebäuden und bunten Fachwerkhäusern, die von mehreren Armen der Lauter umgarnt werden, zählt sie zu den malerischsten Städten des Elsass. Ganz zu schweigen von den netten Restaurants und Läden.

Majestätisch: Schloss Berwartstein

Tour 1

INFORMATION

Bitche
Office de Tourisme
Mairie, F-57230 Bitche
Tel. 0033/387/06 16 16
www.pays-de-bitche.com

Lembach
Office de Tourisme
23, route de Bitche, F-67510
Lembach
Tel. 0033/388/94 43 16
www.ot-lembach.com

Wissembourg
Office de Tourisme
9, Place de la République
F-67160 Wissembourg
Tel. 0033/388/94 10 11
www.ot-wissembourg.fr

ESSEN & TRINKEN

Drachenbronn
Ferme-auberge du Moulin des Sept-Fontaines
Lina und Claude Finck
F-67160 Drachenbronn
Tel. 0033/388/94 50 90
Fax 0033/388/94 54 57
Typisch elsässische Gerichte. Die ersten drei Septemberwochen sowie Montag- und Donnerstagabend geschlossen.

Nothweiler
Landgasthaus Wegelnburg
D-76891 Nothweiler
Tel. 06394/284
Fax 06394/50 49
www.zur-wegelnburg.de
Spezialität: Flammkuchen. Große Terrasse, Dienstag Ruhetag.

UNTERKUNFT

Zu Pfingsten, wenn die ganze Stadt zum berühmten Folklorefest auf den Beinen ist, sollte man sich möglichst früh um ein Zimmer bemühen.

Morsbronn-les-Bains
Hôtel Beau Séjour
3, route de Haguenau
F-67360 Morsbronn-les-Bains
Tel. 0033/388/09 42 55
Fax 0033/388/54 04 80
Wirt kocht selbst, fährt Motorrad und gibt gerne Tourentipps. Garage, Werkzeug, Trockenraum, geführte Touren
€

Neunhoffen
Hotel Restaurant Schwarzbach
18, rue de Sturzelbronn
F-67110 Neunhoffen
Tel. 0033/388/092044
Fax 0033/388/092107
www.rest.schwarzbach.free.fr
Garage, Trockenraum, Schrauberecke, Waschplatz, Tourentipps
€€

Windstein
Hotel-Pension Du Windstein
8, route de Obersteinbach
F-67110 Windstein
Tel. 0033/388/092418
Fax 0033/388/092460
www.hotelduwindstein.com
Garage, Trockenraum, Werkzeug, Waschplatz, Tourentipps
€€

KARTE

Bas-Rhin, Haut-Rhin, Ter.-de-Belfort, 1:150000, Local 315, Michelin-Verlag.

VERANSTALTUNGEN

Wissembourg
Pfingsten: Eröffnung der Kirmes. Trachtenumzug, Volkstänze und Pferderennen.

SEHENSWERT

Lembach
Four à Chaux
Tel. 0033/388/9448 62
www.lignemaginot.fr
Große Bunkeranlage der Maginot-Linie
(Mitte März bis Mitte November täglich Führungen um 10, 14 und 15 Uhr).
Die unterirdischen Gänge der imposanten Burg Fleckenstein können ebenfalls besichtigt werden (Samstag und Sonntag 10–17 Uhr).

Schoenenbourg
Tel. 0033/388/805939
www.lignemaginot.com
Riesige Bunkeranlage der Maginot-Linie mit unterirdischem Zug. Mai bis September an Wochentagen 14–16 Uhr, Sonntag 9.30–11 und 14–16 Uhr.

Silz
Wild und Wanderpark
Südliche Weinstraße GmbH
D-76857 Silz
Tel. 06346/55 88
Fax 06346/98 94 03
www.wildpark-silz.de
Schön angelegter Park, in dem bestehende, aber auch in der freien Natur ausgestorbene heimische Tierarten beobachtet werden können;
täglich 9–18 Uhr.

Roadbook 1 Outre-Forêt

Nr.	km	Position	Richtung	Information	
22	176,6	Wissembourg			D 3 / 14,9 km
21	161,7	Lembach	↰	in Richtung Wissembourg D3 *	D 3 / 32,2 km
20	129,5	Bitche	↰	in Richtung Sturzelbronn/Wissembourg/D 35/D 3 – Tipp: Festung in Bitche – einfach statt links rechts abzweigen, Beschilderung folgen *	D 86 / 9,9 km
19	119,6	Bitche		Militärfahrzeuge kreuzen	– / 6,5 km
18	113,1	Trulber Mühle	↰	in Richtung Schweix	– / 17,7 km
17	95,4			in Richtung Eppenbrunn	– / 5,8 km
16	89,6		↱	in Richtung Fischbach – Naturerlebniszentrum und Biosphärenreservat Pfälzer Wald/Vogesen *	– / 6,5 km

Tour 1

Nr.	km	Position	Richtung	Information
15	83,1	**Bundenthal**	↑	in Richtung Rumbach
14	78,8		↓	in Richtung Wissembourg
13	60,5	**Bad Bergzabern**	↑	in Richtung Pirmasens – auf die B 427
12	55,3	**Klingenmünster**	↑	in Richtung Bad Bergzabern Mitte – zwischen 21 und 7 Uhr Durchfahrtsverbot Richtung Pirmasens für Motorräder
11	36,2	**Niederschlettenbach**	↓	in Richtung Vorderweidenthal/Klingenmünster – nach Vorderweidenthal gibt's den Wild- und Wanderpark südliche Weinstraße
10	35,7		↑	in Richtung Niederschlettenbach/Bad Bergzabern
9	31,8	**Nothweiler**	↑	in Richtung Niederschlettenbach – in Nothweiler gibt's das Schaubergwerk Erzgrube
8	30,1	**Col de Litschhof**	↑	in Richtung Nothweiler – 1,3 km Schotter – für schwere Tourer oder Supersportler kein Problem

Streckenabschnitte: – 4,3 km | B 427 18,3 km | B 48 5,2 km | – 19,1 km | – 0,5 km | – 3,9 km | – 1,7 km | – 4,2 km

Outre-Forêt – Info

						D 503 6,4 km	D 65 6,2 km	D 65 2,9 km	D 249 0,4 km	D 249 1,7 km	D 264 8,3 km	D 3 0 km
7	25,9	Petit Wingen	↰	in Richtung Litschhof								
6	19,5	Col du Pfaffenschlick	←	in Richtung Climbach/D 51 – in Climbach geradeaus weiter Richtung Wingen auf die D 503	)·(							
5	13,3	Schoenenbourg	↱	in Richtung Lembach/Col du Pfaffenschlick	✱							
4	10,4	Hunspach	←	in Richtung Schoenenbourg/Fort du Schoenenbourg – Hunspach besteht praktisch nur aus Fachwerkhäusern								
3	10	Hunspach	↱	in Richtung Hoffen	✱							
2	8,3		↳	in Richtung Hunspach – rechts Panzerkuppel des Artilleriewerks Schoenenbourg								
1	–	Wissembourg	↳	in Richtung Riedseltz	❌ 🅿							

Tour 2

Zeit-
maschine

Pays de Hanau

TOUREN-CHECK

ca. 4 Stunden   162 Kilometer

Einfache Tour mit geringem Anteil an Straßen dritter Ordnung. Einfach zu fahren. In der Schwierigkeitsskala für Motorradfahrer (1 leicht, 10 sehr anspruchsvoll) verdient diese Tour eine 4.

Vom recht modern geprägten Städtchen Haguenau führt die Strecke schnurstracks gen Norden. Zügig rattern die Kilometer Richtung Woerth herunter. Auf halbem Weg etwa durchquert man die einstigen Schlachtfelder aus dem Krieg der Jahre 1870/71. Just an der Stelle, an der die deutschen Armeen einst die französischen schlugen, befindet sich heute das Fantasialand (bei Morsbronn). Wer will da noch eine erfolgreiche Vergangenheitsbewältigung anzweifeln. Schlag auf Schlag folgen die Orte Froeschwiller, Reichshoffen, Nieder- und Oberbronn – alles im Hinblick auf den Krieg äußerst bedeutungsschwere Stätten und voller Denk- und Mahnmäler. Doch genug davon.

Murmelndes Bächlein

Ab Zinswiller wird die Strecke einsamer. Baerenthal steht auf dem Weg-

Hinter dem Rücken der Vogesen

Kirche in Haguenau

weiser, während die Karte ein grün gerandetes weißes Nebensträßchen ankündigt. So sind auch die nächsten Kilometer von Idylle geprägt. In köstlichen Radien windet sich die Strecke entlang der murmelnden Wasser des Zinselbachs. Oben angelangt findet man sich in Lemberg wieder. Rundum im gleichnamigen Waldgebiet liegen mehrere Dörfer, die aufgrund ihrer Kristallglasmanufakturen gerne besucht werden. Entlang der westlichen Ausläufer der Vogesen führt die Strecke hinter dem Rücken der Berge nach Diemeringen und von dort wieder hinein in die wundersamen Höhen bis la Petite-Pierre.

Seinerzeit schon weit gereist, besuchte natürlich auch Goethe das einstige Lützelstein. Dieser vermerkte beim Anblick der imposant gelegenen Burg gar treffend, dass diese in »einer sehr hügelvollen Gegend« läge. Recht hatte er, und deswegen sind wir ja auch hier. Neben einer Reihe sehenswerter Museen ist la Petite-Pierre vor allem im Sommer ein gern besuchtes Ziel unter Wanderern. Hinunter geht's in Serpentinen, und einmal mehr führt die Route durch ein lauschiges Tal.

Kleine Wunder im dunklen Wald

Ganz der Einsamkeit verschrieben hat sich der kleine Forstweg hinauf zum Château le Hunebourg. Kein Auto und schon gar kein Motorrad verirren sich hierher. Um so mehr grenzt es daher an ein Wunder, dass sich die schmucke Hunebourg als Restaurant samt Hotel entpuppt. Wer keinen

Appetit haben sollte, kann sich stattdessen an der schönen Aussicht satt sehen, bevor es ans Wenden geht. Das letzte Stück hinauf zur Feste ist nämlich eine Sackgasse. Kurz unterhalb zweigt dann nach links die passende Strecke in einen dunklen Wald ab.

Und einmal mehr gerät der Besucher ins Staunen, denn die unglaubliche Gemütlichkeit, mit der die gottverlassenen Behausungen auf einer Lichtung schlummern, kann einen fast neidisch machen. Doch die Abgeschiedenheit so mancher Einsiedelei ist nicht für alle das Gelbe vom Ei. Oft sind deshalb solche Gehöfte von ihren Bewohnern verlassen worden. Noch ein paar Schwünge lang lässt es sich derartigen Gedanken gut nachhängen, denn eine ganze Reihe heimeliger Flecken steht noch an.

Mittendrin statt nur dabei

Erst bei Wimmenau tritt man wieder aus der Geschichte hinaus ins moderne Leben. Doch auch das nur für kurze Zeit. Denn schon mit dem Ort Lichtenberg und der dortigen Feste befinden wir uns praktisch schon wieder mittendrin – in den Wirren der Zeiten. Stellvertretend für so

Strahlendes Lützelstein

Tour 2

Mystische Gegend um la Petite-Pierre

manche Burg und der Vollständigkeit halber hier eine kleine Exkursion: Im 12. Jh. errichtet, im 13. Jh. zerstört und gleich wieder aufgebaut, war die Lichtenburg einst der Stammsitz der Lichtenberger.

Jene waren im Nordelsass ein überaus mächtiges Fürstengeschlecht und stellten so manchen Strasbourger Bischof. Im 16. Jh. wurde die Burg schließlich zu einer prunkvollen Renaissanceresidenz und artillerietauglichen Festung umgebaut. Trotzdem nahmen im 17. Jh. die Truppen Ludwigs XIV. den Kasten ein, und Vauban, sein Baumeister, errichtete sein übliches Zackenmuster rundherum. Und zuletzt, fast am Ende des Kapitels, standen im 19. Jh. auch noch die Deutschen vor der Tür. Den Rest des Werdegangs kennen wir ja. Kurzum – eine Besichtigung lohnt sich in jedem Fall, und sei es nur der Aussicht wegen.

In Rothbach tauchen wir sodann wieder ins 21. Jh. ein und legen ab Ingwiller noch einen Zahn zu, um pünktlich zum Abendessen wieder in Haguenau zu sein.

2
ARBRÜCKEN
Zweibrücken
DEUTSCHLAND
Pirmasens
Dahn
arreguemines
Bitche
Enchenberg
Lemberg
Le Grand Wintgersberg 580
Lembach
Baerenthal
Oberbronn-Zinswiller
Niederbronn-les-Bains
Wœrth
rre-Union
Diemeringen
Frohmuhl
Wimmenau
Hochfirst 421
Reichshoffen
Gundershoffen
Morsbronn-les-Bains
Drulingen
La Petite Pierre
Ingwiller
Château le Hunebourg
Bouxwiller
Pfaffenhoffen
Haguenau
Saverne
Canal de la Marne
Brumath
Marmoutier
FRANKREICH
Dabo
Wasselonne
Rhin
DEUTSCHLAND
STRASBOURG
Molsheim
Donon 1009
Canal du Rhône - au Rhin
Obernay
Route
10 km
50
62
8
10
427
62
62
61
63
4
E25
421
340
35
4
422
28
352
35
420
E
A

Tour 2

INFORMATION

Haguenau
Office de Tourisme
Place de la Gare
F-67500 Haguenau
Tel. 0033/388/93 70 00
www.ville-haguenau.fr

la Petite-Pierre
Office de Tourisme
2, rue du Château
F-67290 la Petite-Pierre
Tel. 0033/388/70 42 30
www.ot-paysdelapetit
pierre.com

ESSEN & TRINKEN

Gumbrechtshoffen
**Ferme-auberge du Lavoir
Raymond und Josiane Zaegel**
1, rue d'Uhrwiller
F-67110 Gumbrechtshoffen
Tel. 0033/388/72 87 95
Geflügel, Kaninchen, Flammkuchen; täglich mittags und abends geöffnet.

Weitersswiller
**Ferme-auberge
Zuem Dorfwappe
Simone und Fernand Bloch**
3, rue Principale
F-67340 Weitersswiller
Tel. 0033/388/89 48 19
Hahn in Riesling, Kaninchen, Forelle blau, Schlachtplatte; nur Samstag- und Sonntagabend.

Wingen sur Moder
Restaurant à la petite Grotte
6, annexe Huhnerscherr
F-67290 Wingen sur Moder
Tel. 0033/388/89 83 55

UNTERKUNFT

la Petite-Pierre
Hôtel Lion d'Or
Familie Velten
15, rue Principale
F-67290 la Petite-Pierre
Tel. 0033/388/01 47 57
Fax 0033/388/01 47 50
E-Mail: phil.lion@liondor.com
Internet: www.liondor.com
Trockenraum, Schrauberecke, Waschplatz, Tourentipps, geführte Touren.
€€

Morsbronn-les-Bains
Hôtel Beau Séjour
3, route de Haguenau
F-67360 Morsbronn-les-Bains
Tel. 0033/388/09 42 55
Fax 0033/388/54 04 80
Wirt kocht selbst, fährt Motorrad und gibt gerne Tourentipps. Garage, Werkzeug, Trokkenraum, geführte Touren
€

Saint-Jean-Saverne
Hotel Restaurant Kleiber
37, Grand Rue
F-67700 Saint-Jean-Saverne
Tel. 0033/388/111 82
Fax 0033/388/71 09 64
www.kleiber-fr.com
Garage, Trockenraum, geführte Touren, Pannenhilfe, Tourentipps.
€€

Wingen sur Moder
Relais Nature
7, rue de Zittersheim
F-67290 Wingen sur Moder
Tel. 0033/388/89 80 07
Fax 0033/388/89 82 85
€

KARTE

Generalkarte Vogesen-Elsass-Schwarzwald, 1:200.000, Mairs geographischer Verlag.

VERANSTALTUNGEN

**Haguenau
Fête du houblon:**
Am letzten Wochenende im August feiert Haguenau sein Hopfenfest, bei dem internationale Trachtengruppen an einem Umzug teilnehmen.

Straße der Denkmäler bei Woerth

Roadbook 2 Pays de Hanau

Pays de Hanau – Info

Nr.	km	Position	Richtung	Information
20	161,3	Haguenau		D 919 / 31,6 km
19	129,7	Wimmenau	↰	RF / 8,5 km — in Richtung Ingwiller/Haguenau
18	121,2		↰↓	D 7 / 2,5 km — in Richtung Erckartswiller/Wimmenau
17	118,9		↰	D 134 / 0,8 km — in Richtung Weiterswiller/Ingwiller/Bouxwiller
16	117,9		↰	RF / 4,0 km — in Richtung La Petite-Pierre
15	113,9		↰↓	RF / 2,2 km — in Richtung Johannisthal
14	111,7		↰	RF / 5,7 km

Tour 2

| | D 133 / 6,2 km | D 178 / 7,8 km | D 135 / 8,6 km | D 919 / 10,5 km | D 823 / 15,3 km | D 36 / 3,9 km | D36 / 12,3 km | D 87 / 10,1 km |

Nr.	km	Position	Richtung	Information
13	106		⬅⬇	in Richtung Vacanciel le Hunebourg – kleine Straße in den Wald, dort links halten; oben an der Burg herrliche Aussicht (essen und übernachten)
12	99,8		⬅	in Richtung Saverne
11	92	La Petite-Pierre	⬅	in Richtung Saverne
10	83,4	Frohmuhl	⬆	in Richtung Hinsbourg/La Petite-Pierre – zunächst auf der D 251, später wird die D 935 draus, dann die D 135
9	72,9	Diemeringen	⬅	in Richtung Tieffenbach/Ingwiller
8	57,6	Enchenberg	⬅⬇	in Richtung Montbronn/Diemeringen – hier Kristallmanufakturen mit Fabrikverkauf
7	53,7	Lemberg	⬅	in Richtung Enchenberg – links-rechts auf der D 36
6	41,4	Baerenthal	⬅	in Richtung Lemberg/Mouterhouse – auf die D 36

Pays de Hanau – Info

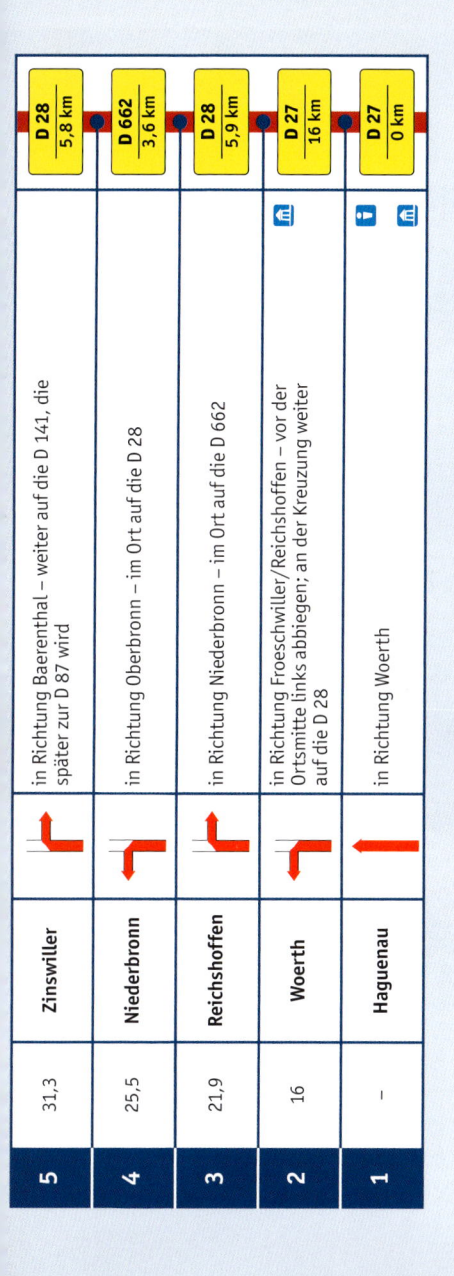

SEHENSWERT

Haguenau
Musée Alsacien
Rue du Château
F-67500 Haguenau
Tel. 0033/388/733041
www.ville-haguenau.fr
Sammlungen zum regionalen Handwerk, Wohnkultur, Volkstrachten. Montag und Mittwoch bis Freitag 9 – 12 und 14 – 18 Uhr, sonst 14 – 17 Uhr.

Woerth
Musée de la Bataille du 6 août 1870 (im Schloss)
Tel. 0033/388/093021
www.woerth.fr
Zeugnisse der Schlacht vom 6. August 1870. Mitte Juni bis Mitte September täglich außer Dienstag 10–12 und 14–18 Uhr, restliche Monate 14–17 Uhr.

Meisenthal
Maison du Verre et du Cristal
Ortsmitte
Tel. 0033/387/969151
www.meisenthal.net
Die ehemalige Glashütte in der Ortsmitte beherbergt heute das Haus des Glases und Kristalls mit einer Kunstglas-Sammlung und einer Demonstrationswerkstatt.

la Petite-Pierre
Maison du Parc régional des Vosges du Nord
im Château
F-67290 la Petite-Pierre
Tel. 0033/388/014959
www.ot-paysdelapetitpierre.com
Infozentrum zum Naturpark Nordvogesen mit Multimediainstallationen, Schautafeln, Rekonstruktionen usw., täglich 10–12 und 14–18 Uhr.

D 28 / 5,8 km	D 662 / 3,6 km	D 28 / 5,9 km	D 27 / 16 km	D 27 / 0 km
in Richtung Baerenthal – weiter auf die D 141, die später zur D 87 wird	in Richtung Oberbronn – im Ort auf die D 28	in Richtung Niederbronn – im Ort auf die D 662	in Richtung Froeschwiller/Reichshoffen – vor der Ortsmitte links abbiegen; an der Kreuzung weiter auf die D 28	in Richtung Woerth
Zinswiller	Niederbronn	Reichshoffen	Woerth	Haguenau
31,3	25,5	21,9	16	–
5	4	3	2	1

Tour 3

Die Sucht nach Kurven

Le Donon

TOUREN-CHECK

🕐 ca. 6,5 Stunden 🏍 252 Kilometer

🏍 Schnell gerät man bei den unendlichen Kurvenkombinationen dieser Tour in eine Art Kurvenrausch. Jedoch sollte man in der sehr waldreichen Gegend immer mit Forstfahrzeugen oder Holztransporten und deren Hinterlassenschaften rechnen. In der Schwierigkeitsskala für Motorradfahrer (1 leicht, 10 sehr anspruchsvoll) verdient diese Tour eine 6.

Nicht nur bei uns Motorradfahrern gehört das Elsass zur Wahl erster Klasse. Wanderer und Radfahrer wissen ebenfalls um die raue Schönheit. Aber Bootstouristen? Ja wo denn? Wie denn? Hier finden sich doch eigentlich nur Berge, Wälder, tolle Straßen und vielleicht mal ein kleines Bächlein. Denkste! Das Elsass und die benachbarte Region Lothringen zählen bei Bootsreisen zu den bevorzugten Zielen. Ein weit verzweigtes Netz von Kanälen durchzieht die Gegend. Man braucht sich daher nicht zu wundern, wenn auf der Strecke nach **Lutzelbourg** Schiffchen scheinbar mitten in der grünen Wiese dümpeln.

Kurventanz und Pässespaß am Donon

Tour 3

Können Schiffe fliegen?

Genauer betrachten lassen sich die Wasserfahrzeuge an einer der zahlreichen Schleusen, am besten am Schiffshebewerk (Plan incliné) bei Arzviller. Dort werden die Kähne in einer Art Badewanne per dubiosem Schrägaufzug gut 40 Meter hinauf- bzw. hinunterbefördert. Siebzehn Schleusen werden mit diesem technischen Wunderwerk umgangen und damit ein ganzer Tag Fahrt eingespart. Der Motorradfahrer denkt da ganz anders: Bloß nichts auslassen, Kurven müssen her. Je mehr, desto besser. Vierzig Kilometer Schlangenlinie kommen da gerade recht. Selten von einer Ortschaft unterbrochen, nimmt die Sache konkrete Formen an.

Magic Mushrooms

Schnell noch ein kleiner Abstecher zum größten Pilz hier, dem Rocher de Dabo – man weiß ja nie. Doch der entpuppt sich als Sandstein. Trotzdem hat man von der Kapelle, die er auf seinem Köpfchen trägt, eine tolle Aussicht. Aber dann jagt eine Schräglage die nächste, bergauf, bergab

Das Elsass ist auch ein Eldorado für Bootsfahrer.

Le Donon

und wieder von vorn. Unglaublich, Ratzfatz, und ehe man sich versieht, steht man schon in Urmatt an der Auffahrt zur Bundesstraße. Die erspart einem ein paar langweilige Dörfer und führt direkt nach Schirmeck hinein. Ah, schon besser. Aber man könnte noch mehr konsumieren.

Jetzt nicht lange fackeln, sondern gleich die nächste »Line« durchziehen. Col du Donon prangt auf dem Schild. Wunderbar. Cols sind immer gut. Also rein damit und schnell nach oben. Jetzt geht's los. Ein feines Kribbeln in der Magengegend stellt sich ein. Hunger vielleicht? Wer sicher gehen möchte, legt kurz einen Boxenstopp auf dem Pass ein und hinterfragt seinen Bauch bei einem kleinen Snack, Café au lait, einer Zigarette oder einfach nur der schönen Aussicht. Ein kleines bisschen Sucht stellt sich da schon ein.

Hurra, alles heil – bis auf den Seitenständer ...

Tour 3

Elsässer Pizza
**Flammekueche, tarte flambée –
die Leib- und Magenspeise der Elsässer**

Zutaten für 4–5 Personen:
500 g leicht gesalzener Hefeteig
40 cl Rahm (am besten Crème Fraîche)
1 EL Rapsöl
50 g gehackte Zwiebeln
80 g geräucherter, durchwachsener Speck
50 g Butter
Salz, geriebene Muskatnuss

Zwiebeln in erhitzter Butter leicht anbräunen, dann herausnehmen, mit Rahm, Salz und Muskatnuss vermischen. Speck gewürfelt oder in dünne Streifen geschnitten leicht anbräunen. Teig hauchdünn ausrollen und aufs Backblech geben. Darauf dann die Rahm-Zwiebel-Mischung verteilen, mit Rapsöl übergießen und mit Speckstückchen bedecken. Das Ganze wird in den auf maximale Hitze vorgeheizten Backofen geschoben und knapp zehn Minuten gebacken.

Droge Kurve

Jetzt aber weiter, tiefer, schneller. Was nun folgt, ist schier unverschämt und straft jede Kompromissbereitschaft Lügen. Von Allarmont nach Badonviller dann das Unfassbare: topfebener Belag, Kurven, die jeglicher Beschreibung spotten und alle übrigen Laster locker verblassen lassen. Spätestens hier wird jedem klar, dass Col und Koller aus ein und derselben Wortfamilie stammen müssen. Das, was hier unter die Pneus genommen werden darf, gehört mit zum feinsten Stückchen Stoff weit und breit.

Kaum unten im Ort, zweigt die Route links ab und führt fast ebenso schrecklich schön wieder hinauf nach Pierre Percée. Am gleichnamigen Château auf halber Strecke ist erst mal Verschnaufen angesagt. Der kleine Spaziergang bis zur Ruine (150 Meter) eignet sich hervorragend dazu, vom Kurventrip wieder auf den Boden zu kommen. Vom Sandsteinblock aus, auf dem natürlich einst die Burg stand, bietet sich uns eine schöne Sicht dar.

Etwas ruhiger gestaltet sich die Abfahrt und die Strecke über Raon-l'Etape bis Badonviller. Geradezu beschaulich mutet die Landschaft an: sanfte Hügel, Schatten spendende Baumgruppen auf Wiesen und Feldern. Passend dazu wird die Straße immer enger und führt schließlich

Le Donon

einspurig durch die Modelllandschaft weiter. Aber es juckt schon wieder in den Fingern.

Märchenhafte Festung Haut Barr

Die Landschaft verschwindet

Und siehe da: In Cirey-sur-Vezouze lehnt lässig, leicht und unbeschwert das Schildchen Col du Donon an einer Hausecke. Unglaublich, aber wahr. Die Augen beginnen zu tränen. Die Gedanken setzen aus. Der Tanz beginnt von Neuem. Zunächst noch sanft, später in immer kürzeren Ab-

Tour 3

Schöner die Kurven nie schwingen ...

ständen, verbiegt sich das graue Teerband nach allen Regeln der Kunst. Schleifen, Zirkel, Wenden und Biegungen – abgedreht. Landschaft? Mit Sicherheit sehenswert. Beim nächsten Mal vielleicht. Und als ob die Reifen nicht schon rund genug währen: Richtung Abreschviller geht es gut 20 Kilometer ohne Unterbrechung hinunter. Mit »ohne Unterbrechung« sind hier aber nicht nur Ortschaften gemeint, sondern auch Geraden – die sucht man vergebens.

Auf dem Weg über Walscheid beginnt das Hirn allmählich wieder zu arbeiten. Nimmt Gerüche und Geräusche wahr, und selbst die Umgebung rückt langsam wieder ins Blickfeld. Die letzten Kilometer führen auf der Bundesstraße über Phalsbourg zum Col du Saverne, wo es zum Abschluss noch einmal in herrlichen Radien hinuntergeht – streng limitiert. So wollen die Stadtväter also ihre Mauern vor Abhängigen schützen: langsamer Entzug. Doch zu spät. Irgendwann an diesem Tag hat sie uns gefangen – die Sucht nach Kurven.

3
Sarralbe
Lemberg
Sarre-Union
8
FRANKREICH
Fénétrange
4
E25
61
Etang du Stock
Sarre
Steinbourg
43
955
Sarrebourg
4
Phalsbourg
Lutzelbourg
Saverne
Canal de la Marne au Rhin
Ecluse
Etang de Gondrexange
Héming
Sitifort
Haselbourg
Marmoutier
Dabo
Abreschviller
Walscheid
Sarre Rouge
Wangenbourg-Engenthal
Wasselonne
4
Cirey-sur-Vezouze
Sarre Blanche
218
422
Rocher
1010
Bréménil
Niderhaslach
Molsheim
Angomont
Col du Donon
Donon
1009
Badonviller
727
Muhlbach
Baccarat
Lac du Vieux Pré
Schirmeck
59
Obernay
aon l'Etape
420
Champ du Feu
1100
Senones
St-Blaise-la-Roche
Moyenmoutier
Meurthe
35
Saales
Epfig
Col de Saales
550
83
St. Dié-des-Vogeses
420
Châtenois
St.-Marie-aux-Mines
59
415
Sélestat
424
Route
10 km
Fraize
Ribeauvillé
83

Tour 3

INFORMATION

Saverne
Office de Tourisme
Château des Rohan
37, Grand Rue
F-67700 Saverne
Tel. 0033/388/91 80 47
www.ot-saverne.fr

Schirmeck
Office de Tourisme
Hôtel de Ville,
F-67130 Schirmeck
Tel. 0033/388/49 63 80
www.ville-schirmeck.fr

Raon-l'Etape
Sydicat d'Initiative
Rue J.-Ferry,
F-88110 Raon-l'Etape
Tel. 0033/329/41 83 25
www.ot-raon.fr

ESSEN & TRINKEN

Balbronn
Ferme-auberge forestière Elmersforst
F-67310 Balbronn
Tel. 0033/388/50 38 31
Abzweig von der Route bei Oberhaslach in Richtung Balbronn. Spezialität: Pot-au-feu, Wild. Mittwoch bis Freitag nur mittags, am Wochenende auch abends geöffnet; Reservierung erforderlich.

Saverne
Zuem Staeffele
1, rue Poincaré,
F-67700 Saverne
Tel. 0033/388/91 63 94
www.strasnet.com/staeffele.htm
Gemütliches Restaurant mit überwiegend traditioneller Küche und sehr guten Fischgerichten.

UNTERKUNFT

La Petite-Pierre
Hôtel Lion d'Or
Familie Velten
15, rue Principale
F-67290 la Petite-Pierre
Tel. 0033/388/01 47 57
Fax 0033/388/01 47 50
phil.lion@liondor.com
www.liondor.com
Trockenraum, Schrauberecke, Waschplatz, Tourentipps, geführte Touren.
€€

Saint-Jean-Saverne
Hotel Restaurant Kleber
37, Grand Rue
F-67700 Saint-Jean-Saverne
Tel. 0033/388/111 82
Fax 0033/388/71 09 64
www.kleiber-fr.com
Garage, Trockenraum, geführte Touren, Pannenhilfe, Tourentipps.
€€

Thannenkirch
Touring Hotel
Route du Haut-Koenigsbourg
F-68590 Thannenkirch

Maison Katz

Roadbook 3 Le Donon

Nr.	km	Position	Richtung	Information
18	251,5	Saverne		
17	239,3		⬑	in Richtung Saverne
16	226,2		⬑	in Richtung Strasbourg – auf die Schnellstraße
15	219,1	Sitifort	⬇	in Richtung Sarrebourg
14	206,9	Abreschviller	⬑	in Richtung Walscheid
13	186,9		⬑	in Richtung Sarrebourg
12	159,5	Cirey-sur-Vezouze	⬑	in Richtung Bertram bois le Donon – am Brunnen in der Ortsmitte rechts halten

| N 4 12,2 km | N 4 13,1 km | D 45 7,1 km | D 96 12,2 km | D 44 20,0 km | D 993 27,4 km | D 993 13,6 km |

Tour 3

Nr.	km	Position	Richtung	Information		
					D 8 / 3,8 km	
11	145,9	Brémenil	↰	in Richtung Angomont/Val-et-Châtillon/Cirey-sur-Vezouze		
					D 259 / 14,4 km	
10	142,1	Badonviller	↱	in Richtung Val-et-Châtillon, Cirey-sur-Vezouze		
					D 392 A / 20,7 km	🛈
9	127,7	Raon-l'Etape	↑	in Richtung Nancy/Badonviller		
					D 992 / 9,6 km	🅿 🛈 ❀
8	107	Badonviller	↱	in Richtung Pierre Percée/Celles-sur-Plaine – bei Kilometer 7,7 lohnt ein Stopp am Château Pierre Percée: schöner Blick		
7	97,4		↰	in Richtung Badonviller	D 392 / 23,2 km	🛈
6	74,2	Schirmeck	↰	in Richtung Donon	N 420 / 12,8 km	
5	61,4		↰	in Richtung Schirmeck	D 218 / 20,6 km	
4	40,8	Wangenbourg	↰	in Richtung Oberhaslach	D 218 / 4,7 km	

Le Donon – Info

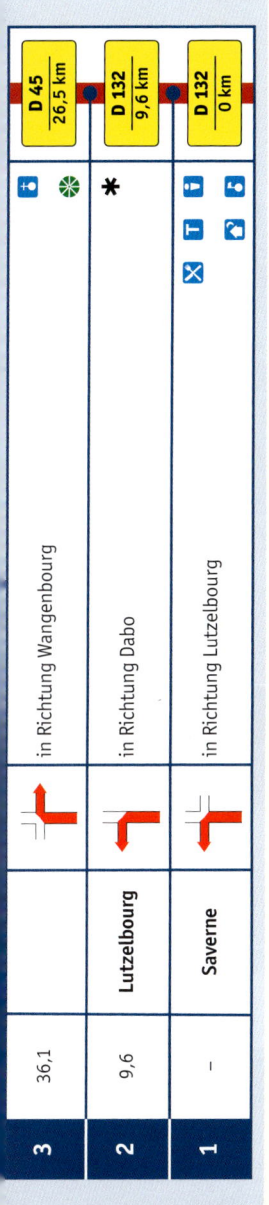

Tel. 0033/389/731001
Fax 0033/389/731179
www.touringhotel.com
Garage, Trockenraum, Schrauberecke, Waschplatz, Tourentipps, geführte Touren, Pannenhilfe.
€€€

KARTE

Generalkarte Vogesen-Elsass-Schwarzwald, 1:200000, Mairs geographischer Verlag.

SEHENSWERT

Saverne
Tel. 0033/388/918047
www.ot-saverne.fr
Die Festung Haut Barr, »Auge des Elsass«, eignet sich hervorragend zum Picknick mit Fernblick. Das Stadtschloss Château Rohan birgt eine sehr bedeutende archäologische Sammlung im Musée Municipal (Mitte Juni bis September täglich außer dienstags 10–12 und 14–18 Uhr). Einkaufsstraße ist die Grand Rue, in der auch das schönste Fachwerkhaus der Stadt steht: Maison Katz. Saverne feiert im Juni das Rosenfest.

Saint-Louis-Arzviller
Plan Incliné
F-57820 Saint-Louis
Tel. 0033/387/253069
www.plan-incline.com
Das Schiffshebewerk, ein Schrägaufzug, befördert Schiffe in einem Becken über 40 Meter in die Höhe (etwas unterhalb von Phalsbourg). April bis Oktober 10–12 und 13.30–17 Uhr, Juli und August täglich 10–18 Uhr.

Dabo
Vom Turm der Kapelle des Rocher de Dabo, einem Felskegel, bietet sich ein toller Blick über die Vogesen.

Col du Donon
Berggipfel mit herrlicher Aussicht – bei klarem Wetter bis zu den Berner Alpen –, Höhenheiligtum und uralter Siedlungsplatz. Die Straßen rings um den Donon zählen zu den schönsten, kurvigsten und einsamsten der Vogesen.

Tour 4

Stille Berge

Hautes Vosges

TOUREN-CHECK

🕐 ca. 5 Stunden   🏍️ 199 Kilometer

🏍️ Anspruchsvolle Tour mit extrem vielen Kurven. Für Motorrad-Einsteiger erst nach einer Einfahrzeit zu empfehlen. In der Schwierigkeitsskala für Motorradfahrer (1 leicht, 10 sehr anspruchsvoll) verdient diese Tour eine 7.

Vom historisch geprägten und wundervoll restaurierten Obernai führt der Weg über Grendelbruch und Russ nach Schirmeck. Unterwegs finden sich im dichten Wald immer wieder Lücken, die einen kleinen Blick auf die umliegenden Täler freigeben. Die unbeschwert schwingende Straße hinauf nach le Struthof lässt durch nichts die Tragödie vermuten, die sich hier zugetragen hat. Nur ein mächtiges Denkmal ragt zur Linken in die Höhe und erinnert an das ehemalige Konzentrationslager Natzweiler-Struthof. In einer der vier erhaltenen Baracken stehen bis heute noch Ofen und Seziertisch als stumme Mahnmale für die Zukunft. Eine andere beherbergt das Gefängnis, eine weitere ein Museum, in welchem mit aller Deutlichkeit die Gräuel-

Trutzige Wehrkirche aus alten Zeiten

Tour 4

taten in Konzentrationslagern wie Struthof dargestellt werden. Ursprünglich für 1500 Häftlinge ausgelegt, wurden bald über 7000 Menschen – politische Häftlinge aus den besetzten Gebieten und Widerstandskämpfer – zusammengepfercht. Die meisten davon fanden den Tod.

Am Kreuzweg

Das Odilien-Kloster

Die kahle und trostlose Hochfläche auf den Gipfeln der Vogesen passt zum eben Gesehenen. Am Champ du Feu, an

Hautes Vosges

dem ein Aussichtsturm einen bezaubernden Blick über die als Skigebiet genutzten Wiesenhänge bietet, treffen sich an schönen Tagen eine Menge Motorradfahrer. Wer nicht nur Landschaft zur Pause braucht, ist am Col de la Charbonnière genau richtig. Hier gibt's Kaffee und Kuchen und alles, was das Herz sonst noch begehrt.

Auch für Unterhaltung ist gesorgt: Die große Kreuzung unterhalb der Terrasse dient als Bühne für so manches Motorradfahrerschauspiel. Auf dem riesigen Platz treffen gleich vier Bikerstrecken aufeinander und machen den Gruppenersten die Entscheidung schwer. Haarsträubende Szenen spielen sich ab, wenn dann völlig unvermittelt angehalten wird, um einen Blick auf die Karte zu werfen – in aller Regel mitten in der Kreuzung, was unweigerlich zu Beinaheunfällen führt.

Das ehemalige KZ Natzweiler-Struthof

Vergessene Welt

Unsere Strecke führt hinunter zum Col de Steige. Gleich auf den ersten Kilometern wird man zum Zeugen der Zerstörungskraft der Naturgewalten, nämlich des Unwetters aus dem Winter 2000/01. Ganze Bergkuppen sind kahl rasiert, riesige Flächen gerodet, und überall liegen Baumstämme wie Streichhölzer übereinander wie ein Riesen-Mikado. Doch auch etwas Positives lässt sich der Sache abgewinnen: Wunderbare Fernsichten tun sich auf, wo früher Bäume einen Durchblick unmöglich gemacht haben. Kurven sind auf einmal gut einsehbar und ermöglichen eine saubere Linie.

Tour 4

Aber nun weiter zum Col d'Urbeis – ins Hinterland. Dort sagen sich sprichwörtlich Fuchs und Hase gute Nacht. Auf rund 30 Kilometern findet sich nur selten Gegenverkehr. Mal ein Auto, aber keine Motorradfahrer. Obwohl die Strecke Ortschaften kaum berührt, an Kurven nicht zu überbieten ist und die Landschaft geradezu unwiderstehlich anzieht. Der Blick schweift über sanfte Hügel und schroffe Felskanten bis hin zu kegelförmigen Bergen.

Der Col de Fouchy hält eine süße Kurvenhatz bereit.

Eine weitere verschlafene Strecke führt uns zum Col de Mandray und ins lebendige Fraize. Dann steht die herrlich ausgebaute, aber nur wenig kurvige Auffahrt zum Col du Bonhomme bevor. Oben bietet sich ein weiterer Kaffeestopp unter Gleichgesinnten an, bevor es links abgeht und über zwei weitere Pässe hinunter nach Ste.-Marie-aux-Mines. Hier im idyllischen Silbertal wurde früher kräftig nach dem edlen Metall gebuddelt und eine Menge Geld damit verdient.

Atemberaubende Aussicht

Später säumen saftige Wiesen mit gelb, blau und weiß blühenden Blumen den Weg. Über den Köpfen segeln fröhlich bunte Gleitschirmflieger, und so ganz nebenbei führt die Straße zum Col du Kreuzweg hinauf. Immer wieder gilt es, schöne Einsichten auf die umliegenden Täler und Wälder zu erhaschen. Die Straße gleitet still hinunter nach le Hohwald und schraubt sich sodann gleich wieder in die Höhe.

Der Mont-Ste.-Odile kündigt sich an – der Odilienberg, dessen Spitze von einer riesigen

Hautes Vosges

Klosteranlage gekrönt wird. In die Entstehungszeit des Klosters, etwa um 680 – 690, fallen gleich drei weitere Gründungen ähnlich bedeutender Anlagen wie der Berg Athos, Monte Cassino und Mont Saint-Michel. Das Bemerkenswerte am Odilienberg ist die Anlehnung an die antike »laus perennis« – ständiger Lobpreis –, um die sich auch heute noch das gesamte Klosterleben dreht. Im Juli des Jahres 1931 richtete die Strasbourger Diözese das Werk der ununterbrochenen Anbetung ein. Und so lösen sich Laien-

Tour 4

Special

Oberhalb der Baumgrenze liegt das Gebiet der Hochweiden, der Chaumes. Die Weiden auf den sanft gewölbten Granitrücken der Vogesen entstanden im frühen Mittelalter. Große Abteien führten Brandrodungen durch, um Sommerweiden für ihr Vieh zu schaffen. Heute sind die mit Hochmooren, Heidekraut und Blaubeerbüschen durchsetzten Chaumes ein wahrer Naturpark, in dem Arnika, Berghahnenfuß, Enzian und Fingerhut zu Hause sind.

gruppen aus allen Dekanaten des Elsass vor dem heiligen Altarsakrament ab – rund um die Uhr, Tag und Nacht.

Auch wer wenig mit der Kirche am Hut hat, sollte sich diesen Berg nicht entgehen lassen, denn der Ausblick vom 763 Meter hohen Gipfel ist einfach ergreifend und beflügelte schon die Worte so mancher Dichter und Schriftsteller. Allen voran natürlich Goethe, der scheinbar keinen interessanten Punkt auf seinen Reisen ausgelassen hat. Wer einen kleinen Fußmarsch scheut, parkt direkt am Kiosk vorm Portal. Wer nach der Besichtigung dann dort etwas ersteht, darf gewiss beim nächsten Mal wieder dort parken. Wieder unten, findet sich in Obernai dann der passende Ausklang zur Tour.

Tief im Hinterland am Col d'Urbeis

4
Sarrebourg
Saverne
Marmoutier
Dabo
Wasselonne
Sarre Rouge
FRANKREICH
Sarre Blanche
Molsheim
Col du Donon
Donon
1009
727
Grendelbruch
Rosheim
Schirmeck
Ancient Camp du Struthof
Klingenthal
Obernai
Champ du Feu
Sainte Odile
1100
St-Blaise-la-Roche
960
768
le Hohwald
Moyenmoutier
Col de Steige
Col du Kreuzweg
Col de Charbonnière
534
Saales
Saint-Martin
550
Col d'Urbeis
Fouchy
Villé
Epfig
St. Dié-des-Vosges
Provenchères
608
Col du Fouchy
Raves
St.-Marie-aux-Mines
Liepvre
Châtenois
Sélestat
Kintzheim
Col de Mandray
Col du Pré de Raves
Col des Bagenelles
Bergheim
1025
Auburé
903
Fraize
Ribeauvillé
949
Col du Bonhomme
le Bonhomme
Riquewihr
Meurthe
Kaysersberg
Turckheim
COLMAR
Hohneck
1362
Munster
Petit Ballon
1267
Neuf Brisach
Canal du Rhône-au-Rhin
Rhein
DEUTSCHLAND
Vosges
Rouffach
Kruth
1176
Le Markstein
Route
10 km
E
A
4
E25
420
352
422
83
35
59
424
415

Tour 4

INFORMATION

Obernai
Office de Tourisme
Chapelle du Beffroi
F-67210 Obernai
Tel. 0033/388/95 64 13
www.obernai.fr

Ste.-Marie-aux-Mines
Office de Tourisme
Place des Prensureux
F-68160 Ste.-Marie-aux-Mines
Tel. 0033/389/58 80 49
www.valdargent.com

ESSEN & TRINKEN

Grendelbruch
Ferme-auberge du Pâtre
27, rue de la Victoire
F-67190 Grendelbruch
Tel. 0033/388/97 55 71
Lamm-, Kaninchen- und Schweinefleischgerichte. Direktverkauf von Ziegenkäse. Samstag, Sonntag und Feiertag mittags und abends geöffnet. Juni, Juli und August auch Dienstag bis Donnerstag jeweils mittags

Ranrupt
Ferme-auberge du Promont
F-67420 Ranrupt
Tel. 0033/388/97 62 85
In Höhe des Kilometersteins PR 21 auf dem Weg zum Col de Steige rechts abbiegen (Wegweiser beachten). Spezialitäten: Ente, Hahn, Kaninchen, Kalb und Schwein. Hausgemachte Desserts und Milchprodukte.

UNTERKUNFT

Bussang
Moto-Hotel-Restaurant
Col de Bussang
F88540 Bussang
Tel. 0033/329/61 50 04
Fax 0033/329/61 51 52
www.coldebussang.com
Trockenraum, Werkzeug, Waschplatz, Tourentipps
€€

Saint-Jean-Saverne
Hotel Restaurant Kleber
37, Grand Rue
F-67700 Saint-Jean-Saverne
Tel. 0033/388/1 11 82
Fax 0033/388/71 09 64
www.kleiber-fr.com
Garage, Trockenraum, geführte Touren, Pannenhilfe, Tourentipps.
€€

Ste.-Marie-aux-Mines
Hôtel les Bagenelles
15, la petite Lièpvre
F-68160 Ste.-Marie-aux-Mines
Tel. 0033/389/58 70 77
Fax 0033/389/58 67 69
www.bagenelles.com
Unterstellplätze, Trockenraum, Tourenvorschläge
€

Thannenkirch
Touring Hotel
Route du Haut-Koenigsbourg
F-68590 Thannenkirch
Tel. 0033/389/73 10 01
Fax 0033/389/73 11 79
www.touringhotel.com
Garage, Trockenraum, Schrauberecke, Waschplatz, Tourentipps, geführte Touren, Pannenhilfe.
€€€

KARTE

Generalkarte Vogesen-Elsass-Schwarzwald, 1:200000, Mairs geographischer Verlag.

SEHENSWERT

Obernai
Sehr reizvoller, von Wehrmauern umgürteter Ortskern. Schönes Rathaus und alte Gerberhäuser in der Rue du Marché
Volksfest im Juli
Tel. 0033/388/956413
www.obernai.fr

le Struthof
Ehemaliges KZ Natzweiler-Struthof
Mit einem eindrucksvollen und an Dokumenten reichen Museum
März bis Dezember täglich 10–11.30 und 14–16 Uhr
Tel. 0033/388/97 04 49
www.cheminsdememoire.gouv.fr/page/afficheLieu.php?idLang=fr&idLieu=981

Blick vom Odilienberg

Roadbook 4 Hautes Vosges

Hautes Vosges – Info

Nr.	km	Position	Richtung	Information	
21	198,5	Obernai			D 426 / 13,8 km
20	184,7	Mont-Ste. Odile	←	in Richtung Obernai – Kloster mit atemberaubender Aussicht ✱ ✳ 🅿 ✚	D 426 / 9,9 km
19	174,8	Le Hohwald	⌐	in Richtung Mont-Ste.-Odile	D 425 / 13,0 km
18	161,8	St. Martin	⌐	in Richtung Mont-Ste. Odile/Le Hohwald)·(	D 424 / 1,4 km
17	160,4	Villé	⌐	in Richtung Col de Steige	D 39 / 3,8 km
16	156,6	Fouchy	↑	in Richtung Villé)·(	D 48 / 13,9 km
15	142,7	Liepvre	⌐	in Richtung Rombach/Col du Fouchy – tolle Ferme-Auberge nach dem Col du Fouchy; rechts in einer Linkskurve	N 59 / 8,0 km

Tour 4

Nr.	km	Position	Richtung	Information		
14	134,7	Ste.-Marieaux-Mines	⊣⊢	in Richtung Sélestat	🛈 🚆 🏪 🏨	← D 148 / 18,4 km
13	116,3	Col du Bonhomme	⊢↓	in Richtung Ste.-Marieaux-Mines – Motorradtreff und Café-Restaurant mit Terrasse	)·(	N 415 / 10,4 km
12	105,9	Fraize	⊢⌐	in Richtung Colmar		D 23 / 18,3 km
11	87,6		↑↓⌐	in Richtung Fraize	)·(	N 59 / 2,6 km
10	85		⊢⌐	in Richtung Ste.-Marieaux-Mines		N 420 / 6,2 km
9	78,8	Provenchères-s.-Fave	⊢⌐	in Richtung St.-Dié		D 23 / 10,5 km
8	68,3	Col d'Urbeis	⊢↑	in Richtung Lubine	)·(	D 214 / 5,5 km
7	62,8	Col de Salcée	⊢↓	in Richtung Col d'Urbeis	)·(	D 214 / 5,1 km

Hautes Vosges – Info

Ste.-Marie-aux-Mines
Maison de Pays
(Heimatmuseum)
Place des Prensureux
F-68160 Ste.-Marie-aux-Mines
Tel. 0033/389/58 56 67
Das sehenswerte Heimatmuseum der Bergbau- und Textilstadt zeigt nicht nur eine Mineraliensammlung, sondern auch einen wiederhergestellten Stollen und eine Textilwerkstatt
Juni bis Ende September täglich außer Dienstag 10–12 und 14–18 Uhr.
www.valdargent.com

Mine Saint-Barthélemy
(Bergwerk)
Rue St. Louis, F-68160 Ste.-Marie-aux-Mines
Tel. 0033/389/587228
Führungen (45 Minuten) von Juli bis Ende August, Pfingsten und letzte beide Juni-Sonntage 9.30–12 und 14–18 Uhr.

Mont-Saint-Odile
Kloster mit herrlichem Ausblick auf das Elsass. Wer mag, unternimmt einen kleinen Fußmarsch zur heilenden Quelle oder zur sagenumwobenen Heidenmauer.
www.odilienberg.net

VERANSTALTUNGEN

Ste.-Marie-aux-Mines
Europäisches Patchwork-Treffen im September mit Kursen, Ausstellungen und Vorträgen. Am letzten Wochenende im Juni Mineralienschau.

#	Ort	km	Straße/Distanz	Richtung
6	Col de Steige	57,7	D 214 / 11,4 km	in Richtung Steige/Col d'Urbeis
5	Col de la Charbonnière	46,3	D 214 / 4,5 km	in Richtung Saales/Col du Steige – Motorradtreff und schöne Terrasse; tolle Ausblicke
4		41,8	D 130 / 14,5 km	in Richtung le Champ du Feu – Motorradtreff am Aussichtsturm
3	Rothau	27,3	N 420 / 22,6 km	in Richtung le Struthof – le Struthof war einst Konzentrationslager
2	Klingenthal	4,7	D 204 / 4,7 km	in Richtung Grendelbruch/Schirmeck – schöner Ortskern in Schirmeck
1	Obernai	–	D 426 / 0 km	in Richtung Ottrott

Tour 5

Ballons und Gipfelglück

Route des Crêtes

TOUREN-CHECK

🕐 ca. 6 Stunden   🏍 250 Kilometer

🏍 Anspruchsvolle Tour mit extrem vielen Kurven. Für unbedarfte Motorradfahrer erst nach einer Einfahrzeit zu empfehlen. In der Schwierigkeitsskala für Motorradfahrer (1 leicht, 10 sehr anspruchsvoll) verdient diese Tour eine 7.

Wenn in den Vogesen von *Ballons* die Rede ist, sind damit nur selten die mit Luft gefüllten gemeint. Direkt übersetzt heißt Ballon Belchen. Alles klar?

Belchen oder auch Rundkuppen sind Bergformationen, die sich in dieser Form auch im Schwarzwald finden. Na also. Doch zunächst müssen die Ballons noch eine Weile warten, denn der Weg führt zur Einstimmung auf der Bundesstraße Richtung Colmar. Dann geht's nach Turckheim. Sanft eingebettet zwischen Weinbergen liegt der Ort. Wie für viele Siedlungen hier typisch, glänzt das Städtchen mit einem mittelalterlichen Erscheinungsbild. Wehrhafte Mauern, Gräben und Stadttürme, sogar mit einem Storchennest drauf.

Sagenhafte Kurvenstrecke auf dem Vogesenkamm

Tour 5

Bergrennen ins Glück

Kaum naht das Ortsende, fällt einem ein Schild ins Auge, das ein Bergrennen ankündigt. Ja, ja, richtig gelesen – ein Bergrennen! Solche Veranstaltungen sind in Deutschland schon lange ausgestorben und die Strecken für Motorradfahrer gesperrt. Ein paar Meter weiter deutet ein ganzes Bündel Bremsspuren aus dem letzten Jahr auf den Beginn der Rennstrecke und den Weg nach les-Trois-Epis hin. Natürlich poltert es da im Getriebe. Zwei Gänge runter, Gaaaaas. Die erste Kurvenkombination liegt hinter uns, die zweite folgt sogleich – der Hauptständer schrubbt deutlich über den Asphalt. Egal. Weiter, noch schneller, noch tiefer. Gerade als ich die Schwelle zum völligen Kurvenrausch überschreiten will, boxt es mich in die Seite – Spiegel ver-

Top-View am Hohneck – einer der schönsten in den Vogesen

Route des Crêtes

loren oder was? Ach herrje, Sonja sitzt ja noch hinten drauf, fällt es mir wieder ein. »Langsamer oder tauschen«, brüllt es in meinen Helm. Wie, tauschen?? Auf gar keinen Fall! Dann lieber langsamer – vielleicht ein wenig. Dass les-Trois-Epis ein Wallfahrtsort sein soll, können wir uns nach dieser Strecke gut vorstellen.

Oben kehrt wieder mehr Ruhe ein. Ausgedehnte Wälder säumen den weiteren Verlauf der Strecke über Orbey hinunter nach Hachimette. Die fast ebenso verführerische Trasse hinauf nach Aubure lässt es erneut in den Fingern jucken. Aber wir wollten ja langsamer fahren. In gemütlichen Schwüngen geht es also bergan. Oben dehnt sich eine bäuerlich geprägte Hochweide aus, die von lichten Baumstücken durchsetzt ist. Über den Col du Haut de Ribeau-

Tour 5

Col de la Schlucht – Stein gewordener Kurventraum

villé taucht man kurz hinab ins Silbertal, um nach zwei weiteren Cols schließlich auf die Route des Crêtes einzubiegen.

Königin der Kammstraßen

Bevor aber die Vogesenkammstraße so richtig beginnt, steht noch der Col de la Schlucht auf dem Speisezettel – der wohl berühmteste Pass in den Vogesen. Zunächst schlängelt sich die gut ausgebaute Straße durch den Wald. Später öffnet sich das Dunkel, und blanke Felswände zur Rechten und ein tiefer Schlund zur Linken begleiten die Fahrt.

Oben geht es zu wie in einem Taubenschlag. Gleich drei Straßen treffen hier auf der Passhöhe zusammen, und von überall her kommen und gehen Biker – einzeln, in kleinen Grüppchen oder gleich scharenweise. Schon von Weitem lässt sich gut erkennen, wer aus Deutschland kommt und wer Einheimischer ist: Textil- und Lederkombis, Tourer und andere brave Geräte auf der einen Seite, Jeans und krasse Streetfighter mit Endtöpfen, die jeden deutschen Polizisten der Ohnmacht nahe bringen, auf der anderen. Ja, die Biker hier haben es gut – leben wie Gott in Frankreich.

Gleich nach dem Pass folgt dann die eigentliche Kammstraße, die über weite und kahle Bergkuppen – oder Belchen – scheinbar endlos und vor allem herrlich kurvig verläuft. Nach großflächigen Brandrodungen wurden hier Hochweiden angelegt, die eine artenreiche alpine und teilweise sogar arktische Flora aufweisen. Einen der schönsten, wenn nicht sogar den prächtigsten Blick über die Vogesen genießt man von Hohneck aus. Dort hinauf führt

Route des Crêtes

eine kleine Serpentinenstraße, die in einen Parkplatz mündet. Der einzigartige Rundblick gerät zur wahren Augenweide – immer vorausgesetzt, der Dunst der Rheinebene hält sich in Grenzen.

Himmlisches Vergnügen

Wieder auf der Hauptroute, beginnt ein nahezu unaufhörliches Wechselspiel zwischen Schräglagen, Aussichten und Wäldern. Col du Herrenberg, Col d'Hahnenbrunnen, le Markstein und schließlich der Grand Ballon mit gut 1400 Metern Höhe. Alle reihen sich wie Perlen an der Schur. Wobei eine jede anders und eine schöner als die nächste ist. Col Amic, Col du Silberloch, Col de Herrenfluh – hundert Pässe in vier Tagen? Kein Problem. Heute allein sind's fast 20.

In Uffholtz ist erst mal Schluss. Nach einer mit Spitzkehren gespickten Abfahrt verläuft der Weg bis Guebwiller geradezu erholsam. Und das ist gut so. Denn von Soultzmatt bis zum Petit Ballon erstreckt sich eine sehr dünn besiedelte Gegend. Einsame Waldstrecken wechseln sich

Mehr Pässe bitte...

Tour 5

Special

Wie so viele Straßen in den Bergen scheint auch die Route des Crêtes wie gemacht für Motorradfahrer. Und wie fast alle atemberaubenden Bergetappen entstand sie zu Kriegszwecken. Die Kammstraße wurde im Ersten Weltkrieg als strategische Nord-Süd-Verbindung zwischen den französischen Stellungen am Brézouard und am Hartmannsweilerkopf angelegt. Noch heute zeugen unzählige Denkmäler, Soldatenfriedhöfe und Stellungsreste von blutigen Schlachten.

mit schwungvollen Talstraßen ab. Zwischen gut ausgebauten Abschnitten und einspurigen Teilstücken beginnt das Herz zu hüpfen.

Erst recht auf den letzten Metern zum kleinen Belchen, wenn sich die Landschaft weitet und verstreut liegende Bergbauernhöfe zu einer handfesten Mahlzeit einladen. Nach einem kleinen oder vielleicht auch großen Snack führt der Weg am Gipfel links um die Ecke und hinunter in die Tiefe. Dank des eher miesen Belags erreicht man kräftig durchgeschüttelt das Tal und landet recht schnell in Munster. Schon gehört? **Munster** nennt sich das Elsässer Pendant zum heimischen Limburger und wird mit Vorliebe hier produziert. Guten Appetit!

Hartmannsweilerkopf

5
FRANKREICH
Raon l'Etape
Champ du Feu
1100
Barr
59
420
Saales
Col de Saales
550
St. Dié-des-Vogeses
420
St.-Marie-aux-Mines
Châtenois
35
Sélestat
59
Meurthe
Col des Bagenelles
903
Col de Fréland
Auburé
831
424
Ribeauvillé
Granges-sur-Vologne
Fraize
le Bonhomme
949
Col du Bonhomme
Riquewihr
83
Col du Louschbach
Hachimette
415
977
Orbey
Kaysersberg
Gérardmer
882
Col de Wettstein
Col de la Schlucht
Soultzeren
Turckheim
COLMAR
1258
Hohneck
1362
E
A
Wintzenheim
Munster
La Bresse
Wasserbourg
Metzeral
415
Petit Ballon
1267
Neuf-Brisach
Col de Herrenberg
1187
Vogesen
Soultzmatt
35
E25
Kruth
Rouffach
1176
Grand Ballon
Buhl
Bussang
Le Markstein
1472
Guebwiller
66
E512
825
Le Vieil Armand
956
Col Amic
Canal du Rhône-au-Rhin
Ballon d'Alsace
1247
Col de Herrenfluh
835
83
430
Thann
Cernay
Wittelsheim
Masevaux
Giromagny
66
E60
Rhein
36
455
E54
MULHOUSE
5
E54
Valdoie
432
Belfort
419
Altkirch
Route
10 km

Tour 5

INFORMATION

Munster
Office de Tourisme
1, rue du Couvent
F-68140 Munster
Tel. 0033/389/77 31 80
Fax 0033/389/77 07 17
www.la-vallee-de-munster.com

Colmar
Office de Tourisme
4, rue Unterlinden
F-68000 Colmar
Tel. 0033/389/20 68 92
www.ot-colmar.fr

Ste.-Marie-aux-Mines
Office de Tourisme
Place des Prensureux
F-68160 Ste.-Marie-aux-Mines
Tel. 0033/389/58 80 49
www.valdargent.com

ESSEN & TRINKEN

Vor allem am späten Nachmittag, wenn die Route über Wasserbourg zum Petit Ballon hinaufführt, wird man kaum die Fermesauberges verpassen, die hier am Wegesrand liegen.

UNTERKUNFT

Col de Bussang
Moto-Hotel-Restaurant Col de Bussang
F68540 Bussang
Tel. 0033/329/61 50 04
Fax 0033/329/61 51 52
www.coldebussang.com
Trockenraum, Werkzeug, Waschplatz, Tourentipps
€€

Col de la Schlucht
Hôtel Le Tetras
Col de la Schlucht
F-88400 Geradmer
Tel. 0033/329/63 11 37
Fax 0033/329/ 63 13 14
Das Hotel liegt unmittelbar auf der Passhöhe des Col de la Schlucht, eine wunderbare Lage – praktisch zum Frühstück gibt's da schon Kurven. Die Übernachtung kostet zwischen 25 und 70 Euro pro Nase.
€

Luttenbach/Munster
Hôtel Au Chêne Voltaire
Chemin Voltaire 3
F-68140 Luttenbach/Munster
Tel. 0033/389/77 31 74
Fax 0033/389/77 45 71
Mitten im Grünen und daher ausgesprochen ruhig gelegen. Die Übernachtung kostet zwischen 30 und 55 Euro pro Nase.
€€

Markstein
Hotel Restaurant Wolf
Route des Cretes
F-68610 Markstein
Tel. 0033/389/82 64 36
Fax 0033/389/38 72 06
www.hotelwolf.info
Stellplätze, Trockenraum
€€

Ste. Marie-aux-Mines
Hotel Les Bagenelles
15, La Petite Lièpvre
F-68160 Ste. Marie-aux-Mines
Tel. 0033/389/58 70 77
Fax 0033/389/58 67 69
www.bagenelles.com
Unterstellplätze, Trockenraum, Tourenvorschläge
€€

KARTE

Generalkarte Vogesen-Elsass-Schwarzwald, 1:200000, Mairs geographischer Verlag.

SEHENSWERT

Munster
Historisches Ortsbild, ehemalige Benediktinerabtei, Kirchen. Schöne Aussicht vom Kriegerdenkmal Hohrodberg. Käsehauptstadt des Elsass.

Colmar
Historisches Ortsbild, Musée Unterlinden im ehemaligen Dominikanerinnenkloster mit Isenheimer Altar, Malerei- und archäologische Sammlung (April bis Oktober täglich 9–18 Uhr), Maison des Têtes (Kopfhaus) mit Renaissancefassade, Kathedrale Saint-Martin mit Martin Schongauers »Maria im Rosenhag«, Gerberviertel und Petite Venice mit romantischen Gassen, Musée Bartholdi (Bildhauer der Freiheitsstatue in New York; 30, rue des Marchands, März bis Dez. täglich außer Dienstag 10–12 und 14–18 Uhr)

Col du Bonhomme
Bikertreff. Für Wanderer geht's im Ort zum Tête des Faux (umfangreiche Stellungsreste aus dem Ersten Weltkrieg) und zum Brézouard (schöne Aussicht, Stellungsreste)

Turckheim
Tel. 0033/389/27 38 44
Schönes historisches Ortsbild, Weinlehrpfad

VERANSTALTUNGEN

Colmar
21. Juni: Musikfest, Weinfest: Anfang bis Mitte August mit Weinmesse, Konzerten und Folklore, Sauerkrautfest: Ende August/Anfang September.

Roadbook 5 Route des Crêtes

Route des Crêtes – Info

Nr.	km	Position	Richtung	Information	
24	249,9		↰	. danach nach 4,5 km Richtung Sondernach/Munster, dann sind es nur noch 9,7 km nach Munster	– / 7,7 km
23	228		↰	in Richtung le Petit Ballon – schöne Aussicht)·(✗	– / 5,4 km
22	222,6	Wasserbourg	↱	in Richtug Ferme Auberge – Schildern »Fermeauberges« folgen; Straße wird einspurig und sehr steil	– / 5,3 km
21	217,3		↳	in Richtung Wasserbourg/le Petit Ballon – in Wasserbourg dem kleinen grünen Wegweiser folgen	D 40 / 15,0 km
20	202,3		↰	in Richtung Soultzmatt/Osenbach/Munster – schönes Dorf	D 40 / 6,7 km
19	195,6		↰	in Richtung Schweighouse/Soultzmatt	– / 1,8 km
18	193,8	Buhl	↱	in Richtung Lautenbach	D 429 / 5,3 km

Tour 5

Nr.	km	Position	Richtung	Information		Road	Distance
17	188,5	Soultz	↓	in Richtung Guebwiller/Colmar		D 5	8,9 km
16	179,6	Uffholtz	←	in Richtung Soultz/Guebwiller/Colmar		D 431	51,6 km
15	128		→	in Richtung le Hohneck/Grand Ballon/Cernay – Vogesen-Top-View von le Hohneck; nach dem Grand Ballon liegt links die Ferme-auberge Grand Ballon.	✕ ❋ ✱ P	D 430	4,0 km
14	124		←	in Richtung Route des Crêtes/le Hohneck	)·(🅿 ✕	D 417	12,2 km
13	111,8	Soultzeren	←	in Richtung Epinal/Col de la Schlucht – rechts an der Ecke: Brasserie mit Terrasse		D 48	10,0 km
12	101,8		←	Col du Wettstein/Munster	❋	D 148	12,8 km
11	89	Col du Bonhomme	←	in Richtung Route des Crêtes/la Schlucht	)·(	N 415	5,9 km
10	83,1	le Bonhomme	←	in Richtung St.-Dié/Col du Bonhomme	)·(	D 48	17,5 km

Route des Crêtes – Info

#	km	Ort	Abbiegung	Richtung	Symbole	Straße / Distanz
9	65,6	Ste.-Marieaux-Mines	↰	in Richtung St.-Dié/le Bonhomme/Col des Bagenelles	🛌 🚻 🍴 🅿	**D 146** / 13,6 km
8	52	Aubure	↰	in Richtung Ste.-Marieaux-Mines	)·(	**D 11** / 8,8 km
7	43,2	Hachimette	↰	in Richtung Fréland/Aubure		**D 415** / 0,8 km
6	42,4		⊢	in Richtung Colmar		**D 48** / 2,5 km
5	39,9	Orbey	⊢	in Richtung Kaysersberg		**D 11** / 6,8 km
4	33,1		↰	in Richtung Orbey		**D 11** / 16,4 km
3	16,7		⊢	in Richtung Turckheim/Trois-Epis	✱	**N 83** / 1,9 km
2	14,8	Wintzenheim	⊢	in Richtung Ingersheim/Strasbourg		**D 417** / 14,8 km
1	–	Munster		in Richtung Colmar/Turckheim	❌ 🛌 🚻 🍴 🅿	**–** / 0 km

Tour 6

Hinter-
wäldler-
blues

Hautes Vosges Lorraines

TOUREN-CHECK

🕐 ca. 6 Stunden 🏍 235 Kilometer

🏍 In der Schwierigkeitsskala für Motorradfahrer (1 leicht, 10 sehr anspruchsvoll) verdient diese Tour eine 5.

Diese Tour führt in den hier noch sehr ursprünglichen Teil Lothringens bzw. der Lorraine. Startpunkt ist St.-Dié, ein mittelgroßes Industriestädtchen, welches in sämtlichen Kriegen, die darüber hinwegfegten, schwer leiden musste. So sind die Sehenswürdigkeiten schnell aufgezählt: Freiheitsturm und Kathedrale. Ersterer ist eine moderne, 36 Meter hohe Stahlkonstruktion, die 1990 vom Pariser Tuileriengarten hierher verfrachtet wurde. Das Innere des Bauwerks, das verzweifelt an einen aufsteigenden Vogel erinnern will, beherbergt eine kleine, aber hochinteressante Schmucksammlung. Und praktisch vor der Kathedrale startet unsere Tour.

Hier entstand Amerika

Trotzdem können die Bewohner stolz auf ihr Städtchen sein. Erschien doch hier im Jahre 1507 die »Cosmo-

Schöne Aussichten zwischen den Tälern

81

Tour 6

graphiae Introductio«, eine Einführung in die Geografie, in der der von Kolumbus entdeckte neue Kontinent zum ersten Mal mit dem Namen »Amerika« bezeichnet wurde – in Erinnerung an den italienischen Seefahrer Amerigo Vespucci.

Nicht unbedingt in diese Zeit, aber ganz sicher auch nicht in das 21. Jahrhundert passt die Gegend nördlich von St.-Dié in Richtung St. Jean-d'Ormont. Unversehens befindet man sich in einem sehr ursprünglichen Gebiet, in dem klitzekleine Ortschaften seit Generationen unangetastet vor sich hin träumen. Ein bisschen Wald, etwas landwirtschaftliche Fläche, einige Obstbäume, Nutztiere – kurzum, das Allgäu Lothringens. Hier liegen noch üppige Kuhfladen auf der Teerdecke, toben Pferde in ihren Koppeln, stehen in den Dörfern beinahe mehr Brunnen als Häuser und knattern mehr Trecker als Autos. Eine noch heile Welt hinter den sieben Bergen. Fehlen nur noch ein paar Zwerge, und das Märchen wäre komplett.

Zurück in die Neuzeit

So zieht sich die Strecke über lichte Verbindungsstraßen und durch dunkle Tannenwälder. Erst nach le Puid trifft man auf die erste größere Straße, die D 424. Und schon rattern die Lastwagen pausenlos vorbei, quasi als Empfangskommando der Neuzeit. Die Strecke wird gerne als Abkürzung benutzt. Mit Senones und Moyenmoutier passiert man gleich zwei Prachtexemplare französischen Städtebaus und französischer Lebenskunst. Da wird nichts abgerissen oder saniert. Marode Fabrikhallen werden einfach dem Zahn der Zeit überlassen, gerade so, als ob sich alles von alleine wieder einrenken würde.

Leben wie Gott in Frankreich

Über Raon-l'Etape und St. Remy gelangt man ins vermeintlich »tiefste« Frankreich. Scheint es vor der Hügelkette der Vogesen noch alemannisch ordentlich und

Auffahrt zum Col d'Oderen

Tour 6

sauber, herrscht hier wohltuende Unordnung. Zumindest was die Dörfer anbelangt. Bei les Rouges-Eaux gilt es, in einer etwas verzögerten Links-/Rechtskombination den Abzweig zur »Auberge la Cholotte« nicht zu verpassen.

In den Weiten des Weltalls

Schnell lässt man die letzten Reste zivilisierter Behausungen zurück und findet sich unvermittelt im Wald wieder. Nur selten öffnet sich der dunkle Tann und gibt kleine Lichtungen frei, auf denen gottverlassene kleine Gehöfte liegen. Hier sollte man sich immer brav links halten, um nicht

Ab ins Hinterland

Hautes Vosges Lorraines

in den unendlichen Weiten des Lothringischen Weltalls zu entschwinden.

Wer alles richtig gemacht hat, findet sich nach der Odyssee kurz hinter le Paire auf der D 31 wieder. Der folgt man nun über Corcieux bis Granges-sur-Vologne.

Nach einem weiteren Sprung über die bergigen Höhenzüge findet man bei le Tholy den Einstieg in das nächste Waldwegabenteuer vor – die Auffahrt nach le Haut du Tôt. Schmal und eng, wie es sich für eine »route forestière« gehört, windet sich der Weg dem Hochplateau entgegen. Oben angekommen, heißt es erst einmal rasten an der großen Kreuzung, um sich an der herrlichen Aussicht zu laben. Nach der verdienten Pause geht es ungeniert holprig in die Tiefe, hinunter nach Vagney und weiter Richtung la Bresse. Im Verlauf der Strecke arbeitet sich die Trasse zum Col des Moinats hinauf, von dessen kleinem Parkplatz sich ebenfalls ein schöner Blick bietet.

Tour 6

Wieder in der Gegenwart

La Bresse selbst wurde ab dem 7. Jahrhundert von alemannischen Elsässern bewohnt und erfreute sich bis in das 18. Jahrhundert hinein einer Art Freistaatstatus. Kurz nach Cornimont, in dem sich eine Reihe Kunsthandwerker niedergelassen hat, schummelt sich die Route zum knapp 900 Meter hohen Col d'Oderen hinauf. Erst die Abfahrt hinunter nach Kruth erweist sich eines Passes würdig. Ganz anders dagegen der Col de Bramont. Der lässt schon bei

Der Stahlriese in St.-Dié soll an einen aufsteigenden Vogel erinnern.

der Auffahrt anhand einer endlosen Kurvenfolge keine Zweifel offen.

Schließlich gelangt man über einen weiteren Pass hinab zum Lac de Longemer, der besonders bei Campern sehr beliebt ist. Über den Surceneux-Sattel erreicht man die sehr reizvolle Straiture-Schlucht, in der nach links ein kleiner Pfad abzweigt, der zur »Glacière« hinaufführt. Dass diese hoch gelegene Felshalde ihren Namen nicht zu Unrecht trägt, lässt sich bei genauerem Hinsehen leicht feststellen: Bis weit in den Sommer hinein kann man hier Eisstücke finden. Nach und nach weitet sich die Schlucht und wird zum landwirtschaftlich genutzten Tal, an dessen Ende die Strecke auf die N 415 trifft, die einen schnell zurück nach St.-Dié bringt.

6
FRANKREICH
Sarre Blanche
Sarre Rouge
Donon
1009
4
59
914
Baccarat
Raon l'Etape
Senones
Col de la Chipotte
458
Etival-Clairefontaine
Moyenmoutier
Le Puid
Grandrupt
1100
420
Saales
Col de Saales
550
22
Rambervillers
32
46
Col de Mont Repos
514
St. Dié-des-Vogeses
A
E
Raves
St.-Marie-aux-Mines
59
420
Bruyères
Le Paire
415
Fraize
Corcieux
le Bonhomme
Granges-sur-Vologne
Lapoutroie
Riquewihr
E23
Eloyes
Meurthe
Orbey
Xonrupt-Longemer
Le Tholy
La Croix Ferry
Gérardmer
Le Haut du Tôt
Hohneck
1362
Vagney
La Bresse
Col Bramont
956
Munster
Saulxures-sur-Moselotte
Petit Ballon
1267
Cornimont
Rupt-sur-Moselle
Col d'Oderen
875
Kruth
1176
Grand Ballon
Moselle
Bussang
731
Le Markstein
1472
Guebwiller
Issenheim
66
E512
Col de Bussang
Ballon d'Alsace
1247
486
83
Thann
66
Wittelsheim
465
Masevaux
E512
MULHOUSE
E60
36
Giromagny
Route
10 km

Tour 6

INFORMATION

la Bresse
Office de Tourisme
2a, rue des Proyes
F-88250 la Bresse
Tel. 0033/329/25 41 29
Fax 0033/329/25 64 61
www.labresse.fr

St.-Dié
Office de Tourisme
8, Quai Morde Lattre de Tassigny
F-88100 St.-Dié
Tel. 0033/329/42 22 22
Fax 0033/329/4 22 23
www.ville-saintdie.fr

ESSEN & TRINKEN

Fellering
Ferme-auberge du Felsach
F-68470 Fellering
Tel. 0033/389/82 77 71
Rund drei Kilometer nach Ventron auf der Anfahrt zum Col d'Oderen links abbiegen. Nach weiteren drei Kilometern ist der Gasthof erreicht. Bergbauernmenü auf Bestellung, sonst nur Vesper. Verkauf von Käse. Ab 20. Mai bis Anfang Oktober täglich geöffnet.

St.-Dié
Restaurant des Voyageurs
2, rue d'Hellieule
Tel. 0033/329/56 21 56
Nüchternes und modernes Restaurant, passend zum Blick auf den Stadtpark mit dem Tour de la Liberté.

UNTERKUNFT

Bussang
Hôtel-Restaurant
Col de Bussang
F-88540 Bussang
Tel. 0033/329/61 50 04
Fax 0033/329/61 51 52
info@coldebussang.com
www.coldebussang.com
Trockenraum, Werkzeug, Waschplatz, Tourentipps
€€

Kruth
Auberge de France
Grand Rue 20, F-68820 Kruth
Tel. 0033/389/82 28 02
Fax 0033/389/82 24 05
www.aubergedefrance.fr
€€

Le Val d'Ajol
Landgästehaus Relais Vert
5, Les Paris
F-88340 Le Val d'Ajol
Tel. 0033/329/30 01 56
Fax 0033/329/30 06 45
Trockenraum, Schrauberecke, Tourentipps
€€

Ste. Marie-aux-Mines
Hotel Les Bagenelles
15, La Petite Lièpvre
F-68160 Ste. Marie-aux-Mines
Tel. 0033/389/58 70 77
Fax 0033/389/58 67 69
www.bagenelles.com
Unterstellplätze, Trockenraum, Tourenvorschläge
€€

KARTE

Generalkarte Vogesen-Elsass-Schwarzwald, 1:200000, Mairs geographischer Verlag.

MOTORRADFAHREN

Da ein großer Teil dieser Tour über kleine und teilweise unsäglich holprige Sträßchen führt, sind hier Reiseenduros und Tourer im Vorteil. Fahrer von Sportlern oder Choppern sollten sich eher an die gelben Straßen auf der Karte halten. Wer am Wochenende und besonders am Sonntag nicht in St.-Dié vollgetankt hat, bekommt lediglich in Gérardmer Benzin.

SEHENSWERT

St.-Dié
Neben den sehenswerten Kapitellen der Kathedrale findet sich an der Langhauswand ein Museum (täglich außer Montag 14–18 Uhr, im Hochsommer auch 10–12 Uhr). Seine Abteilungen umfassen Archäologie, Schöne Künste, Ethnographie und Naturwissenschaften. Natürlich sollte man auch dem Freiheitsturm einen Besuch abstatten (täglich 10–18 Uhr). Im Inneren gibt es eine Schmucksammlung (täglich 14–18 Uhr) zu bestaunen und von oben die Umgebung.
www.ville-saintdie.fr

Corcieux/Granges-sur-Vologne
Wie ein zu Stein erstarrter Fluss zieht sich eine gut 500 Meter lange Moräne (Champ de roches) schnurgerade durch den Wald. Ihre Oberfläche ist frei von Vegetation.

VERANSTALTUNGEN

Senones
Im Juli und August wird Sonntagvormittag die Wachablösung der Garde des Grafen von Salm nachgespielt.

Roadbook 6 Hautes Vosges Lorraines

Hautes Vosges Lorraines – Info

Nr.	km	Position	Richtung	Information		
						←
24	234,9	St.-Dié				N 415 / 13,6 km
23	221,3	Fraize	↱	in Richtung St.-Dié		D 73 / 15,7 km
22	205,6	Xonrupt-Longemer	↰	in Richtung Fraize	⛽	D 13 B / 32,6 km
21	173	Kruth	↱	in Richtung Col de Bramont/Gérardmer	)·(🛏	D 43 / 17,1 km
20	155,9	Cornimont	↰	in Richtung Ventron/Col d'Oderen	✕)·(	D 486 / 6,7 km
19	149,2	la Bresse	↰	in Richtung Cornimont	🛏	D 34 / 15,3 km
18	133,9	Vagney	←	in Richtung la Bresse		– / 2,3 km

Tour 6

Nr.	km	Position	Richtung	Information
17	131,6	**Chanois**	↰	in Richtung Vagney
16	117	**le Tholy**	↰	in Richtung le Haut du Tôt – bei der Abfahrt von le Haut du Tôt links orientieren)·(🌲
15	115	**La Croix Ferry**	↑	in Richtung le Tholy
14	102,7	**Granges-s.-Vologne**	↑	in Richtung Berchigranges/le Tholy ✶)·(
13	82,7	**le Paire**	↰	in Richtung Corcieux
12	73		↰	in Richtung Auberge la Cholotte – einspurige Straße durch Wald mit kleinen einsamen Lichtungen; im weiteren Verlauf links halten
11	72		↰	in Richtung St.-Dié
10	56,2	**Etival-Claire-fontaine**	↰	in Richtung la Salle/les Rouges-Eaux)·(

Route markers (right to left): – / 14,6 km · D 417 / 2 km · D 31 / 12,3 km · D 31 / 20 km · – / 9,7 km · N 420 / 1,0 km · D 7 / 15,8 km · D 424 / 5,5 km

Hautes Vosges Lorraines – Info

#	km	Ort	Richtung	Beschreibung	Strecke
9	50,7	Col de la Chipotte	↱	)·(	D 159 bis / 6,5 km
8	44,2		↱	in Richtung Rambervillers	– / 3,5 km
7	40,7		┼	in Richtung Raon-l'Etape – auf die Schnellstraße N 59	– / 15,3 km
6	25,4		┤	in Richtung Senones	– / 2,7 km
5	22,7	le Puid	↱	in Richtung Col du Hantz – schmal und einspurig durch dunklen Wald	D 45 / 4,1 km
4	18,6	Grandrupt	↱	in Richtung le Vermont/le Puid	D 45 / 7,4 km
3	11,2		↱	in Richtung Châtas/Grandrupt – knuffige Wald- und Wiesengegend, kleine kurvige Straße	D 32 / 3,8 km
2	7,4	St. Jean-d'Ormont	↱	in Richtung Launois/Saales – Bergrennstrecke, 1. Mai mit Autorennen	– / 7,4 km
1	–	St.-Dié		in Richtung St. Jean-D'Ormont – Tourstart an der Kathedrale	D 49 / 0 km

Tour 7

Perle der Vogesen

Hautes Vosges

TOUREN-CHECK

🕐 ca. 4,5 Stunden 🏍 179 Kilometer

🏍 In der Schwierigkeitsskala für Motorradfahrer (1 leicht, 10 sehr anspruchsvoll) verdient diese Tour eine 5.

Kaum ein Ort in den Vogesen, der idyllischer liegt als Gérardmer. Der Ausgangs- und Endpunkt der Tour mauserte sich durch seine exponierte Lage am See schon früh zu einem beliebten Ausflugsziel. In der »Perle der Vogesen« wurde im Jahr 1875 das erste Fremdenverkehrsamt Frankreichs gegründet. Doch zunächst verläuft die Route brav über die üblichen Touristenpfade. Genauer gesagt entlang der »Tour du Lac«. Die zweigt oben am Kreisverkehr ab und führt um den westlichen Zipfel des Sees herum.

In Ramberchamp ist die Runde fast komplett, darum geht's ab hier hinein in die Berge. Gemächlich gewinnt die Strecke an Höhe. Bei gut 830 Metern ist schließlich der Col de Sapois erreicht, von dem aus sich der Weg in zwanglosen Kurven in den gleichnamigen Ort zieht. Und weil es so schön war, biegen wir unten zweimal

Hier scheinen die Straßen nur für Biker gebaut.

93

Tour 7

Im Dschungel der Forstwege

links ab und folgen treu der Straße bis hinauf nach Bas-Rupts.

Oben angekommen schlagen wir uns erst einmal in die Büsche. Herzhaft kurvig schlängelt sich das einspurige Sträßchen am Berg entlang. Unterwegs gilt es mehrere Schneisen zu überqueren, auf denen im Winter Skifahrer zu Tal sausen. Jetzt im Sommer bieten sich wundervolle Panoramabilder. Noch eine ganze Ecke weiter trifft man auf den Lac de Longemer, an dessen Ufer eine ganze Reihe Campingplätze liegen. Wir folgen dem Uferweg bis hinauf zum Col des Feignes in Richtung la Bresse.

Weg in die Unendlichkeit

Auf der Hauptstraße gelangt man nun über Cornimont und la Bresse zur Ausfahrt nach Saulxures-sur-Moselotte. Hier geht's rechts ab und gleich wieder links über die D 43 hinweg in den Wald. Die kleine, schmale Straße wird fast ausschließlich von Holzfällern genutzt und führt über den

Hautes Vosges

beinahe 800 Meter hohen Col de Morbieu hinweg. In Ramonchamp biegen wir am großen Sägewerk nach links auf die N 66 ein. Knapp einen halben Kilometer später geht's dann auf der Grand Rue durch das Ortszentrum hindurch, mittels einer kleinen Brücke über die noch junge Mosel und zweimal links, dem Hinweisschild Haute Saone folgend.

Wer alles richtig gemacht hat, findet sich auf einer kleinen Straße wieder, die in mehreren Sitzkehren steil bergan strebt. Zwischen Bauernhöfen hindurch, an Kuhweiden

Brücke in die gute alte Zeit

Tour 7

vorbei und an Pferdekoppeln entlang, gewinnt der Weg rasant an Höhe. Unterwegs sollte man auch den ein oder anderen Blick ins Moseltal riskieren, denn eh man sich versieht, verschwindet die Strecke im dichten Wald.

Auch auf den nächsten Kilometern sieht es mit Aussicht eher traurig aus. Zwar befinden wir uns auf dem eigentlich sehr schönen »Plateau des mil étangs«, doch von dem sieht man erst mal nichts. Und das ist gut so. Denn die sagenhaft schlecht asphaltierte Teerdecke schüttelt nicht nur Ross und Reiter gut durch, sondern verbiegt sich auch noch nach allen Regeln der Kunst. Erst am Col du Mont de Fourche hat die Rumpelei ein Ende. Da geht's Richtung Foucogney-et-la-Mer bergab.

Wo sich Stille atmen lässt

Kaum unten im Tal, wartet schon die nächste Ministraße. Die ist allerdings schwer zu finden und erfordert beim Abbiegen Aufmerksamkeit. Der sehr scharfe Abzweig führt

Die Tour du Lac verspricht so manch traumhaften Blick auf den See.

geradewegs in den siebten Himmel. Nur wenige Gasstöße, und die Welt ist wieder in Ordnung. Ausgedehnte Wälder, durchsetzt von saftigen Weiden und ursprünglichen Bergbauernhöfen. Hier sagen sich Fuchs und Hase nicht nur Gute Nacht, sondern tanzen die ganze Nacht hindurch zu Melodien, die anderswo längst im Verkehrs- und Alltagslärm untergegangen sind. Hier lässt sich Stille noch atmen, Natur leben und Besorgnis vergessen. Entspannt dahinfahren, Seele baumeln lassen, Ruhe finden. Kaum eine Gegend, in der das so hervorragend funktioniert wie in diesem ländlichen Kleinod der Vogesen. Kilometer um Kilometer verstreicht, die Umgebung verändert sich, doch die Eindrücke bleiben.

Goldene Zeiten

Geradezu goldene Zeiten erlebte die Region um Gérardmer in den 30er-Jahren. Damals standen hier rund 57000 Webstühle, die von 40000 Menschen in über 250 Fabriken bedient wurden. Doch mit zunehmender Automatisierung verschwanden die meisten dieser Webereien. 50 Jahre später waren es gerade mal noch 15 Betriebe, die bis heute noch mehr als ein Drittel aller französischen Baumwollstoffe herstellen.

Tour 7

Villa in Gérardmer

Erst bei Remiremont fängt einen das Leben wieder ein. Doch halb so wild, es ist französisch gelassen. Über St. Etienne und Eloyes zieht sich die Route entlang der Mosel. Die erhöhten Teilstücke der Strecke lassen auf die oft noch naturbelassenen Flussauen und Riedlandschaften blicken, in denen noch Kühe grasen, Gänse schnattern und Pferde herumtollen.

Auf dem folgenden Abschnitt versucht man, im Straßengewirr die Orientierung zu behalten. Zunächst wird die Ortschaft Jarménil passiert, dann Cheniménil. Bereits hier gibt es schon eine Auffahrt zur D 11, die dann nach Gérardmer weiterführt. Allerdings weisen die Schilder lediglich nach Bruyères. Wer sich verunsichern lässt, bekommt gleich wenige Augenblicke später in Docelles eine zweite Chance, auf der richtigen Route zu landen, denn erst da steht der Endpunkt unserer Tour angeschrieben. Wenn alles glatt läuft, nimmt man wenig später die gut ausgebaute D 11 unter die Pneus. Die steigt im weiteren Verlauf allmählich an, und kurz vor le Tholy überquert man dann den Col de Bonne Fontaine. Gleich nach der Ortschaft geht es links weiter bis zum Tourende – der Perle der Vogesen.

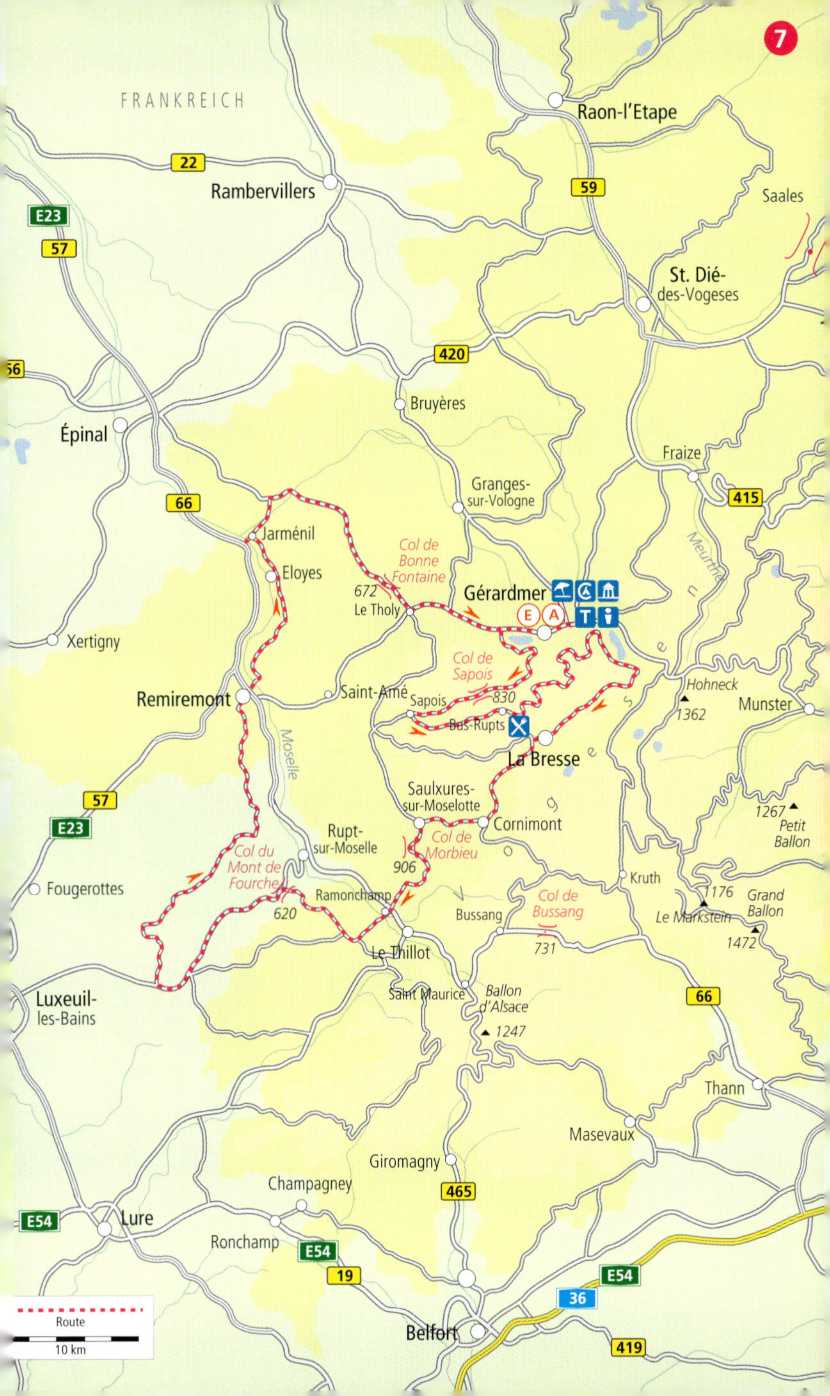
7
FRANKREICH
Raon-l'Etape
Saales
Rambervillers
St. Dié-
des-Vogeses
Bruyères
Épinal
Fraize
Granges-
sur-Vologne
Jarménil
Eloyes
Col de
Bonne
Fontaine
672
Le Tholy
Gérardmer
E
A
T
Meurthe
Xertigny
Col de
Sapois
830
Sapois
Bas-Rupts
Remiremont
Saint-Amé
Hohneck
1362
Munster
Moselle
La Bresse
Saulxures-
sur-Moselotte
Cornimont
1267
Petit
Ballon
Rupt-
sur-Moselle
Col du
Mont de
Fourche
Col de
Morbieu
906
Fougerottes
620
Ramonchamp
Kruth
1176
Grand
Ballon
Col de
Bussang
Bussang
Le Markstein
731
1472
Le Thillot
Luxeuil-
les-Bains
Saint Maurice
Ballon
d'Alsace
1247
Thann
Masevaux
Giromagny
Champagney
Lure
Ronchamp
Belfort
E23
57
22
59
66
420
415
E54
19
465
36
419
Route
10 km

Tour 7

INFORMATION

Gérardmer
Office de Tourisme
Place des Déportés
F-88400 Gérardmer
Tel. 0033/329/27 27 27
Fax 0033/329/27 23 25
www.geradmer.net

Remiremont
Office de Tourisme
BP 107
F-88204 Remiremont cedex
Tel. 0033/329/62 42 17
Fax 0033/329/62 42 50
www.remiremont.fr

UNTERKUNFT

Col de Bussang
Moto-Hotel-Restaurant Col de Bussang
F88540 Bussang
Tel. 0033/329/61 50 04
Fax 0033/329/61 51 52
www.coldebussang.com
Trockenraum, Werkzeug, Waschplatz, Tourentipps
€€

Le Val d'Ajol
Landgästehaus Relais Vert
5, Les Paris
F-88350 Le Val d'Ajol
Tel. 0033/329/30 01 56
Fax 0033/329/30 06 45
Wenige Kilometer südöstlich von Plombières-les-Bains liegt das kleine Gästehaus, das von einem deutschen Ehepaar betrieben wird. Rechtzeitige Voranmeldung sehr wichtig. Preis pro Person im DZ: 35 Euro.
Trockenraum, Schrauberecke, Tourentipps
€€

Ste. Marie-aux-Mines
Hotel Les Bagenelles
15, La Petite Lièpvre
F-68160 Ste. Marie-aux-Mines
Tel. 0033/389/58 70 77
Fax 0033/389/58 67 69
www.bagenelles.com
Unterstellplätze, Trockenraum, Tourenvorschläge
€€

ESSEN & TRINKEN

Bas-Rupts
Hostellerie des Bas-Rupts
Tel. 0033/329/63 09 25
Leichte und gute Küche, hervorragende Weine. Praktisch ist das angeschlossene Landhotel.

KARTE

Generalkarte Vogesen-Elsass-Schwarzwald, 1:200000, Mairs geographischer Verlag.

MOTORRADFAHREN

In großen Teilen dieser sehr beschaulichen Gegend spielt die Land- und Forstwirtschaft eine gewichtige Rolle. Gerade die Forstwege werden daher auch dementsprechend genutzt. Vorsicht also vor Holztransportern, Traktoren und frei laufendem Weidevieh. Auch bei dieser Tour hält sich für Fahrer von Sportlern oder Choppern das Vergnügen in Grenzen.

SEHENSWERT

Gérardmer
F-88400 Gérardmer
Tel. 0033/329/27 27 27
Einige der Textilfabriken öffnen ihre Tore auch für Besucher. Im Juni, Juli und September kann man interessante Besichtigungen machen. Nähere Auskünfte, wann und wo die Führungen stattfinden, gibt's beim Fremdenverkehrsamt (Tel. siehe oben). Und wie an vielen Seen üblich, kann man auch hier eine kleine Bootstour machen: bequem mit Führung oder auf eigene Faust im Tretboot.
www.geradmer.net

VERANSTALTUNGEN

Gérardmer
F-88400 Gérardmer
Tel. 0033/329/27 27 27
Am 14. August findet das Lichterfest mit beleuchteten Booten und Riesenfeuerwerk statt. Wer sich im April über die eisigen Vogesen quält, kommt gerade richtig zum Narzissenfest (Fête des Jonquilles).

Sanierte Ortskerne sind im Hinterland selten.

Roadbook 7 Hautes Vosges

Nr.	km	Position	Richtung	Information	
23	178,6	Gérardmer			D 11 — 29,6 km
22	149	Jarménil	↰	in Richtung Bruyères/Gérardmer – Straße trifft auf die D 11 Richtung Gérardmer	D 42 — 6,1 km
21	142,9	Eloyes	↱	in Richtung Jarménil	D 42 — 9,7 km
20	133,2	Remiremont	↰	in Richtung St. Etienne/Eloyes – Straße verläuft parallel zur Mosel	D 23 — 13,8 km
19	119,4		↱	in Richtung Remiremont – links halten an der Gabelung im Wald	D 136 — 6,2 km
18	113,2		↰	Waldweg trifft wieder auf die Hauptstraße	– 7,3 km

Tour 7

Nr.	km	Position	Richtung	Information		
17	105,9		↱	in Richtung les Voivres – scharf rechts ab		D 6 / 10,0 km
16	95,9	Col du Mont de Fourche	↳	in Richtung Luxeuilles-Bains – am Pass ein Café Restaurant	)·(✖	N 57 / 6,5 km
15	89,4		↱	in Richtung Col du Mont de Fourche		– / 3,2 km
14	86,2	Ramonchamp	↱	Rechts in die Grand Rue und der Beschilderung »Haute Saone« folgen		N 66 / 0,4 km
13	85,8	Ramonchamp	↱	am Sägewerk links ab		– / 11,0 km
12	74,8	Saulxures-sur-Moselotte	↳	in Richtung Col de Morbieu/Ramonchamp – Hauptstraße rechts verlassen und gleich links wieder über die Brücke	)·(	D 43 / 4,5 km
11	70,3	Cornimont	↱	in Richtung Saulxures-sur-Moselotte		D 486 / 8,8 km
10	61,5	la Bresse	↱	in Richtung Cornimont		D 34 C / 9,9 km

Hautes Vosges – Info

#	km	Ort	Richtung	Hinweis	Symbole	Straße/km
9	51,6		↰	in Richtung la Bresse		D 34 D / 5,0 km
8	46,6		↰	in Richtung la Bresse		– / 2,9 km
7	43,7		↰	am See entlang		RF / 17,2 km
6	26,5		↱	Beschilderung »Route Forestière« folgen		D 486 / 0,7 km
5	25,8	Bas-Rupts	↰	in Richtung Col de la Grosse Pierre	)·(✗	D 23 / 10,7 km
4	15,1	Sapois	↰	in Richtung Gérardmer		D 23 C / 10,8 km
3	4,3	Ramberchamp	↰	in Richtung Col de Sapois/Vagney	)·(	D 69 / 2,2 km
2	2,1		↱	in Richtung Ramberchamp		D 417 / 2,1 km
1	–	Gérardmer		in Richtung Epinal/le Tholy – Tour beginnt am Ortsausgang	🛈 🏨 🅿 🚻 ✱ 🚇	D 471 / 0 km

Tour 8

Im Zentrum der Genüsse

Route du Vin

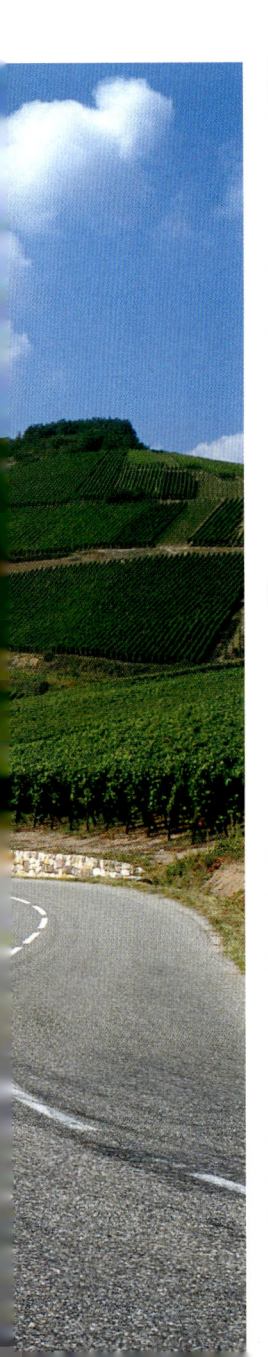

TOUREN-CHECK

🕐 ca. 4 Stunden   🏍 158 Kilometer

🏍 Aufgrund der hohen Verkehrsdichte an Wochenenden sollte man diese Tour am besten an Wochentagen fahren. Der Weg hinauf nach Auburé ist sehr holperig. In der Schwierigkeitsskala für Motorradfahrer (1 leicht, 10 sehr anspruchsvoll) verdient diese Tour eine 6.

Jetzt einfach der Beschilderung »Route du Vin d' Alsace« zu folgen, wäre langweilig. Am Wochenende reiht sich ein fahrendes Hindernis an das nächste. Aus Deutschland, aber auch aus den französischen Ballungszentren ringsum brechen an freien Tagen wahre Flutwellen von Touristen über die Region herein. Darum führt diese Strecke zur Abwechslung immer wieder in die Berge und weg von den ausgetretenen Pfaden – ohne dabei eines der Highlights zu verpassen.

Die Drosselgasse des Elsass

Die ganze Geschichte beginnt in Guebwiller, im Süden zwischen Mulhouse und Colmar. Wer mag, kann

Mir nach – auf der Route du Vin

105

Tour 8

Klappernde Schnäbel

Der Storch ist das Wappentier der Region. Überall finden sich Nester auf den Dächern. Nach der Rheinregulierung waren diese lange Zeit unbewohnt gewesen. Erst in letzter Zeit besinnt man sich wieder auf die Stelzenvögel, züchtet sie in Storchenparks und -aufzuchtstationen unter guter Pflege und Obhut. Aber auch mit der nötigen Ungebundenheit, die ihnen ein späteres Leben draußen erleichtern soll. Zum Dank dafür bleiben sie das ganze Jahr über hier. Ihre in Freiheit geborenen Nachkommen aber machen sich alljährlich auf den Zug nach Süden.

aber auch von Strasbourg aus einsteigen und fährt in die entgegengesetzte Richtung. Gleich nach der ersten Hand voll Ortschaften wird schnell klar, was diese Gegend so beliebt macht. Da ist ein Dörfchen putziger als das andere, Idylle und Romantik an allen Ecken und Enden, fast wie am Rhein – die Drosselgasse lässt grüßen. Nein, ganz so schlimm ist es nun auch wieder nicht. Aber immerhin hat es eines dieser Dörfer, Niedermorschwihr, schon zur Filmkulisse in einer japanischen Daily-Soap gebracht.

Die Strecke führt hauptsächlich über Verbindungsstraßen von einer Siedlung zur nächsten. Immer schön zwischen Bergen und Weinreben hindurch. Erst bei Husseren wartet das erste wirklich schöne Stückchen Straße auf die juckende Gashand. Die »Route des Cinq Châteaux«, die Fünfburgenstraße, führt auf einer schmalen Trasse hoch hinauf in die Berge. Und tatsächlich – fünf Burgen finden sich auf den nächsten Kilometern. Von der Hohlandsbourg, dem am besten erhaltenen Gemäuer, hat man eine sehr schöne Aussicht. Diese muss man sich aber auf Schusters Rappen erkämpfen, da nicht direkt an der Burg geparkt werden kann.

Weltweites Vorbild

Wieder unten in Wintzenheim, lohnt sich ein Abstecher nach Colmar. Die Stadt hat nicht umsonst die europäische Medaille für Denkmalschutz erhalten. Die gelungene Restaurierung der Altstadt versetzt einen glatt ins Mittel-

Route du Vin

alter. Kein Wunder, ist die Stadt doch Inkarnation dessen, was man sich in New York, Hamburg oder Tokio als Inbegriff des typischen Elsass vorstellt. Sogar ein japanisches Gymnasium gibt es inzwischen. Besuchen sollte man auf jeden Fall das »Musée Unterlinden« am gleichnamigen Platz mit dem Isenheimer Altar, einem der berühmtesten Werke der deutschen Malerei.

Wenige Kilometer hinter Colmar wartet schon ein weiteres Glanzlicht des Elsass: Turckheim. Im unlängst frisch sanierten Altstadtkern lässt es sich prima flanieren oder einen Café au Lait unterm Storchenturm genießen.

Kräftige Weißweine wachsen heran.

Tour 8

Passend zum Mittelalterflair dreht im Sommer um 22 und 23 Uhr der Nachtwächter seine Runde. Kaum haben wir den Ort im Rücken, ziehen die ersten Weinreben am Visier vorbei. Und eh man sich's versieht, wird die Fahrt schon wieder gebremst. Doch durch gelungen hergerichtete Ortskerne wie den von Niedermorschwihr fährt man gerne etwas langsamer.

Kleinod des Elsass

Keinen Vergleich scheut Riquewihr. Für viele die Perle der Weinstraße, für andere ein Spießrutenlauf zwischen Kitsch, Tand und Trallala. Ansonsten ein zuckersüßes Weindorf geradewegs in Schmalz gebacken. Enge Gassen, prächtige Schilder an Gasthäusern, Torten, Flammkuchen, Wein, Souvenirs und unzählige Busse mit Touristen – wer's mag, macht Pause, wer nicht, lässt es bleiben und fährt rechter Hand an der Stadtmauer entlang.

Zwei Dinge sollte man aber trotzdem nicht verpassen: das »Musée Hansi«, in dem Werke des im Elsass ungemein beliebten Grafikers, Karikaturisten und Schriftstellers Jean-Jaques Waltz (alias Hansi) zu sehen sind, sowie das im Obertor, dem »Dolder«, untergebrachte Stadtmuseum mit einem traumhaften Ausblick über unser quirliges Ausflugsziel. Vom Dolder geht es dann auch gleich rechts hinein in die Weinberge und weiter in den Wald nach Aubure. Keine Angst, die saftige Holperstrecke schreckt so gut wie alle Touristen ab und man begegnet höchstens Einheimischen oder ein paar Soldaten, die hier gerne Verstecken spielen.

Ribeauvillé steht Riquewihr in nichts nach, und Bergheim reiht sich nahtlos in die Winzerperlen ein. Von dort geht es dann hinauf zur Königsburg. Das riesige Gemäuer wurde um die Jahrhundertwende mit viel Fleiß wieder

Die Königsburg

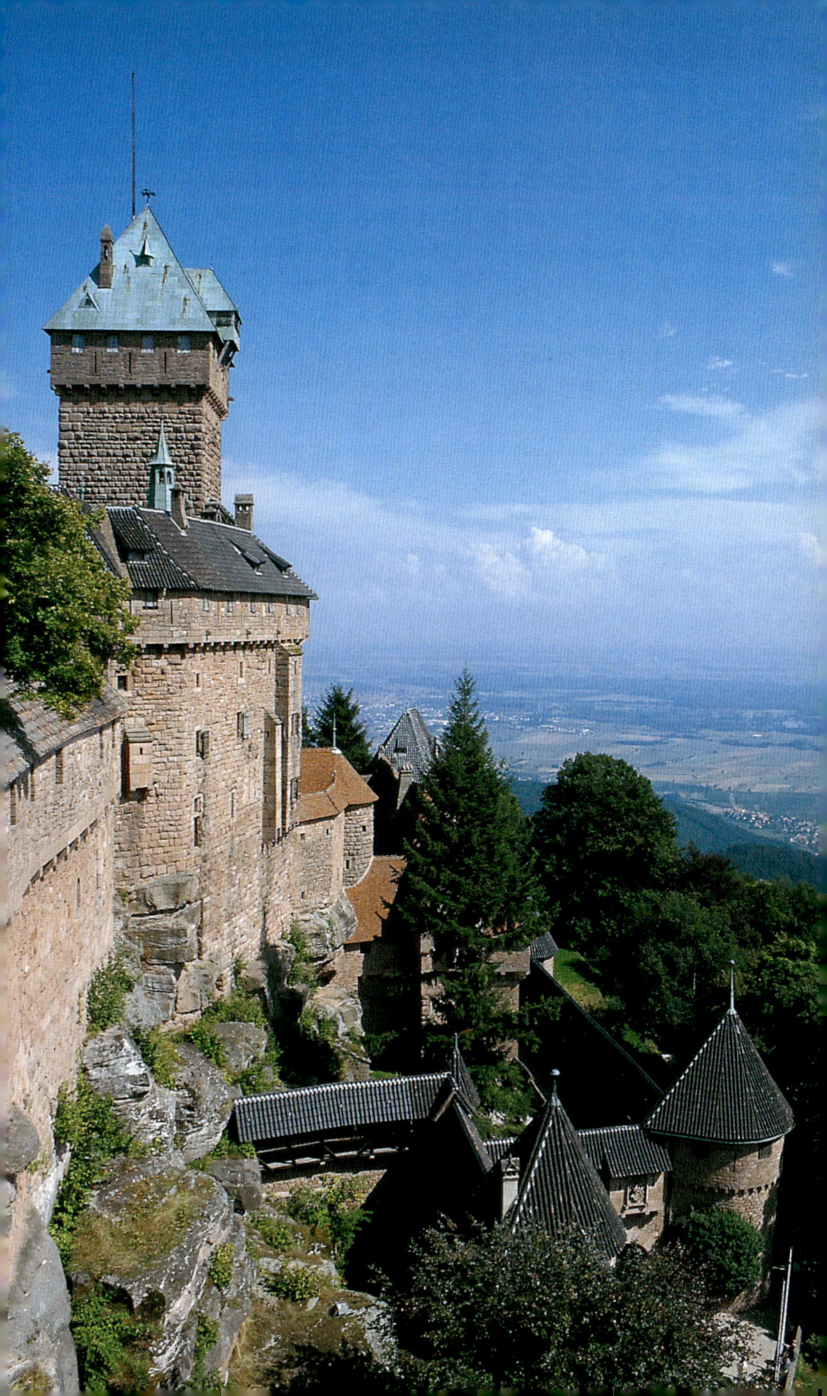

Tour 8

aufgebaut und erstrahlt in fast neuem Glanz. Die Führung übernehmen moderne CD-Player, die man sich gegen Gebühr ausleihen kann. Tafeln im Inneren der Burg zeigen, welche Nummer abgehört werden muss. So kann sich jeder seine eigene Führung zusammenstellen und durch die Burg schlendern, herrliche Ausblicke auf die Rheinebene und tiefe Einblicke in das Leben des Mittelalters genießen. Rund zwei Stunden gilt es einzuplanen. Genau das Richtige für Regentage.

Auch im weiteren Verlauf unserer Tour, die jetzt übrigens genau auf der Route du Vin verläuft, ändert sich nichts Wesentliches. Ein schmuckes Dorf jagt das nächste, eine Kellerei ist besser als die andere. Und so bleibt es auch bis zu unserer Ankunft in Rosheim.

Touristenidylle Riquewihr

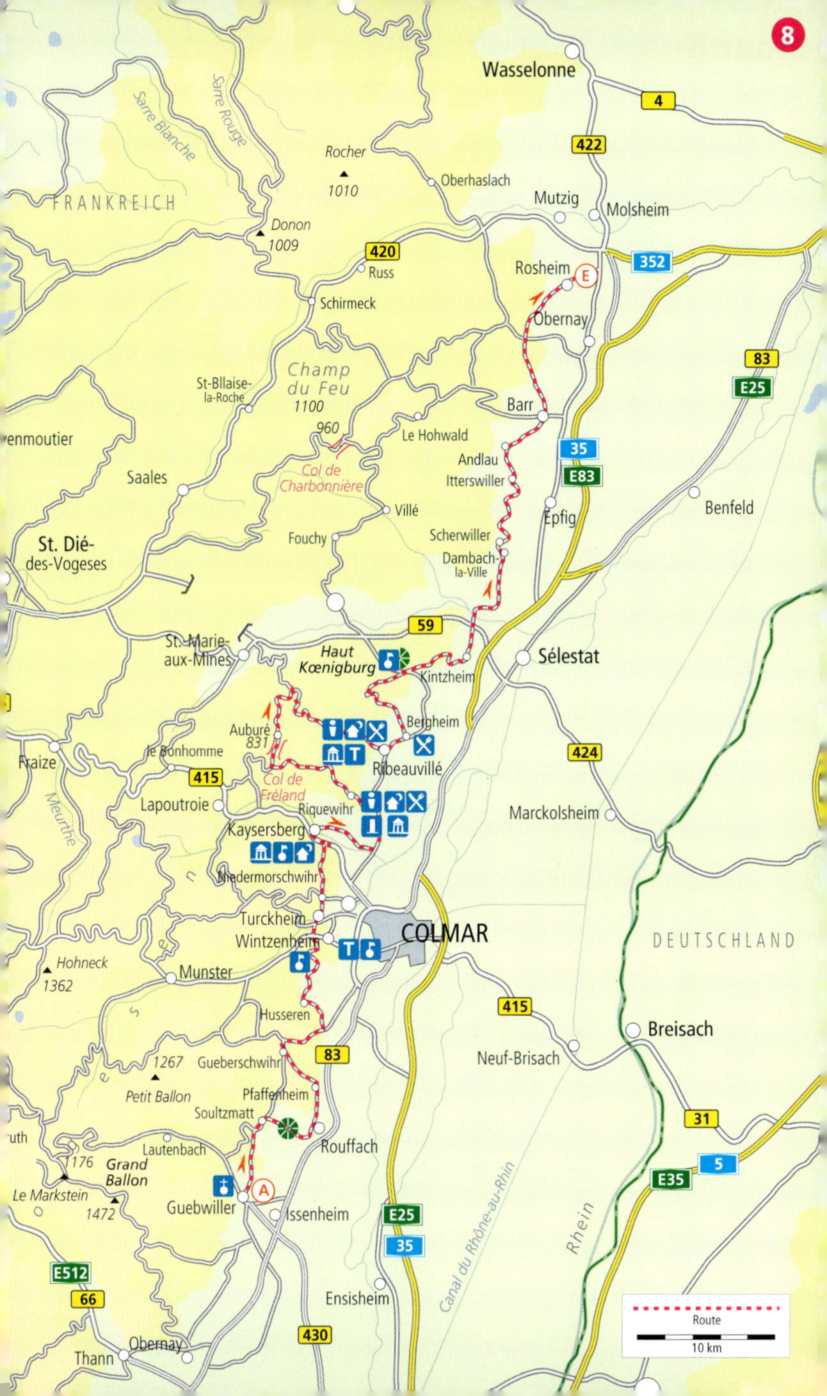
Wasselonne
4
422
Sarre Blanche
Sarre Rouge
Rocher
1010
Oberhaslach
FRANKREICH
Mutzig
Molsheim
Donon
1009
420
Russ
352
Rosheim
E
Schirmeck
Obernay
Champ du Feu
1100
St-Bllaise-la-Roche
83
E25
960
Le Hohwald
Barr
Col de Charbonnière
Andlau
35
Itterswiller
E83
Saales
Villé
Epfig
Benfeld
St. Dié-des-Vogeses
Fouchy
Scherwiller
Dambach-la-Ville
59
St.-Marie-aux-Mines
Haut Kœnigburg
Sélestat
Kintzheim
Bergheim
Auburé
831
Fraize
le Bonhomme
Ribeauvillé
424
415
Col de Fréland
Lapoutroie
Riquewihr
Marckolsheim
Meurthe
Kaysersberg
Niedermorschwihr
Turckheim
COLMAR
Wintzenheim
DEUTSCHLAND
Hohneck
1362
Munster
415
Husseren
Breisach
83
1267
Gueberschwihr
Neuf-Brisach
Petit Ballon
Pfaffenheim
Soultzmatt
31
Rouffach
Lautenbach
5
1176
Grand Ballon
E35
Le Markstein
A
1472
Guebwiller
Issenheim
E25
Canal du Rhône-au-Rhin
Rhein
35
E512
66
Ensisheim
430
Route
10 km
Obernay
Thann

Tour 8

INFORMATION

Colmar
Association Départementale du Tourisme du Haut-Rhin
1, rue Schlumberger; BP 337
F-68006 Colmar Cedex
Tel. 0033/389/20 10 68
Fax 0033/389/23 33 91

ESSEN & TRINKEN

Einladende Gasthöfe gibt es entlang der Weinstraße zur Genüge.

UNTERKUNFT

Markstein
Hotel Restaurant Wolf
Route des Cretes
F-68610 Markstein
Tel. 0033/389/82 64 36
Fax 0033/389/38 72 06
www.hotelwolf.info
Stellplätze, Trockenraum
€€

Riquewihr
Hôtel au Cerf
5–7, rue de Gaulle,
F-68340 Riquewihr
Tel. 0033/389/47 92 18
Fax 0033/389/49 04 58
Nicht ganz billig, aber dafür mitten im Herzen elsässischen Gemüts. Übernachtung ab 55 Euro.
www.hotel-restaurant-riquewihr.com
€€€

Saint-Jean-Saverne
Hotel Restaurant Kleiber
37, Grand Rue
F-67700 Saint-Jean-Saverne
Tel. 0033/388/1 11 82
Fax 0033/388/71 09 64
www.kleiber-fr.com
€€

Thannenkirch
Touring-Hôtel
Route du Haut-Koenigsbourg
F-68590 Thannenkirch
Tel. 0033/389/73 10 01
Fax 0033/389/73 11 79
www.touringhotel.com
Ganz auf Motorradfahrer eingestellt. Übernachtung ab 30 Euro. Garage, Trockenraum, Schrauberecke, Waschplatz, Tourentipps, geführte Touren, Pannenhilfe
€€€

KARTE

Generalkarte Vogesen-Elsass-Schwarzwald, 1:200000, Mairs geographischer Verlag.

SEHENSWERT

Kaysersberg
Heimatmuseum, Geburtshaus von Albert Schweitzer mit Museum (rue de Gaulle, Mai bis Oktober täglich 9–12 und 14–18 Uhr). Stadtillumination im Juli und Bergfest im August.
Tel. 0033/389/47 36 55.
www.kaysersberg.com

Kientzheim
Weinmuseum in der Residenz Hohenlandsberg beim Untertor (Lalli, Juni bis Oktober täglich geöffnet), Museum für mechanische Puppen.

Riquewihr
Postmuseum (April bis Oktober täglich 10–12 und 14–18 Uhr), Museum des berühmten Zeichners, Grafikers und Karikaturisten Hansi (April bis Dezember täglich außer Montag 10–18 Uhr), stadthistorisches Museum im Dolder (Mai bis Oktober Samstag und Sonntag 10–12 und 14–18 Uhr, Juli und August täglich), Diebesturm mit Folterkammer.
Tel. 0033/389/47 80 80.
www.ribeauville-riquewihr.com

Haut Koenigsbourg
April bis Mai täglich 9–12 und 13–18 Uhr, Juni bis September 9–18 Uhr. Wer Glück hat, kann seinen Helm am Eingang in die Burg deponieren. Sehr empfehlenswert ist die Führung per CD-Player.
Am Fuß der Burg findet sich noch der Affenberg, wo 300 Berberaffen in einem Gehege leben (Montagne des Singes, Mai, Juni und September täglich 9–12 und 13–18 Uhr, im Sommer durchgehend) und die Volerie des Aigles, wo Raubvogeldressuren vorgeführt werden (Juli und August täglich 14–17 Uhr, sonst nur Mittwoch, Samstag und Sonntag).
www.haut-koenigsbourg.net

VERANSTALTUNGEN

Eguisheim
Im April gibt's die »Probe der neuen Weine«, im Juni das Johannisfeuer, im Juli das Weinfest, im August das Storchenfest.

Riquewihr
Klang- und Lichterfest im Juni.

Ribeauvillé
Gugelhupffest im Juni, Weinmesse und Dorffest im Juli und Ende August. Am ersten Wochenende im September »Pfifferday«, eines der schönsten Feste im Elsass.
Tel. 0033/389/73 62 22.

Roadbook 8 Route du Vin

Route du Vin – Info

Nr.	km	Position	Richtung	Information		Road
24	157,9	Barr	↰	in Richtung Obernai – danach nach 9,2 km bei Obernai links Richtung Rosheim, dann sind es nur noch 8 km nach Rosheim	✱	D 62 / 21,1 km
23	136,8	Andlau	↱	in Richtung Barr	✱	D 253 / 9,1 km
22	127,7	Dambach-la-Ville	←	in Richtung Andlau	✱	D 35 / 7,2 km
21	120,5	Châtenois	↰	in Richtung Scherwiller/Dambach-la-Ville	✱	D 35 / 2,1 km
20	118,4	Kintzheim	↰	in Richtung Châtenois	🅿 🛏 🌿	D 159 / 8,2 km
19	110,2	Haut-Koenigs-bourg	↰	in Richtung Kintzheim – am Kiosk parken	❌	D 42 / 13,9 km
18	96,3	Bergheim	↰	in Richtung Thannenkirch/Haut-Koenigsbourg – nach Thannenkirch immer den Wegweisern Haut-Koenigsbourg folgen	✱ 📷	D 1 B / 3,6 km

Tour 8

Nr.	km	Position	Richtung	Information		Road	km
17	92,7	**Ribeauvillé**	↵	in Richtung Bergheim	* 🏨 ℹ️ ❌ 🅿️ 🍴	D 416	6,5 km
16	86,2		↵	in Richtung Ribeauvillé		D 11 V	5,1 km
15	81,1	**Aubure**	↵	in Richtung Ribeauvillé		D 11 III	2,3 km
14	78,8		↵	in Richtung Aubure		–	13,8 km
13	65		↵	in Richtung Riquewihr/Aubure – hier links am Hotel de Ville parken; danach rechts um die Stadtmauer und weiter rechts halten	* 🏨 🅿️ ℹ️ ❌	D 28	7,7 km
12	57,3	**Kaysersberg**	↵	in Richtung Kientzheim/Ribeauvillé	* 🏨 ℹ️	N 415	5,1 km
11	52,2		↵	in Richtung Katzenthal/Kaysersberg		D 11 II	1,2 km
10	51	**Niedermor-schwihr**	↵	in Richtung Ingersheim	*	–	2,5 km

Route du Vin – Info

#	km	Ort	Richtung	Beschreibung	Symbole	Strecke
9	48,5	**Turckheim**	↰	in Richtung Niedermorschwihr – links, nach der Brücke rechts	📍 🅣 ✱	— / 1,5 km
8	47	**Wintzenheim**	↴	in Richtung Turckheim		D 417 / 1,7 km
7	45,3		↰	in Richtung Wintzenheim		— / 12,8 km
6	32,5	**Husseren**	↰	in Richtung Route des 5 Châteaux – Abzweig in der Ortsmitte	📍	— / 8,2 km
5	24,3	**Gueberschwihr**	↰	in Richtung Hattstatt/Husseren		— / 4,6 km
4	19,7	**Pfaffenheim**	✛	in Richtung Gueberschwihr/Husseren		— / 4,2 km
3	15,5	**Rouffach**	↰	in Richtung Château du Isenbourg		D 18 B / 6,4 km
2	9,1	**Soultzmatt**	↰	in Richtung Rouffach	✺	D 5 / 9,1 km
1	–	**Guebwiller**		in Richtung Bergholtz/Orschwihr – Tourbeginn an der Kirche; Wegweiser »Route du Vin« folgen	📍	—

Tour 9

Zwischen den Zeiten

Vosges Saônoises

TOUREN-CHECK

⌚ ca. 5 Stunden 🏍 210 Kilometer

🏍 Nette Runde. Ohne große Schwierigkeiten auch für Einsteiger machbar. In der Schwierigkeitsskala für Motorradfahrer (1 leicht, 10 sehr anspruchsvoll) verdient diese Tour eine 4.

Wer hier fein herausgeputzte Winzerdörfer erwartet oder gar gepflegte Geranienensembles in Vorgärten, liegt falsch. Wer jedoch den ursprünglichen Charme einer sehr ländlichen Gegend finden möchte, kommt an Lothringen nicht vorbei.

Thann – das südliche Tor zur Weinstraße und passend dazu mit weinseliger Romantik eng verknüpft: gut geeignet als Ausgangspunkt mit entsprechendem Ambiente – nicht mehr, aber auch nicht weniger. Wie so oft in der Region, genügt schon ein kurzer Gasstoß, um in eine völlig andere Umgebung zu gelangen. Gleich hinter Vieux-Thann sieht es freundlicher aus. Die Ortschaften werden ursprünglicher, die Strecke führt hinein in die Berge.

Der Tanz beginnt.

Am Ballon d'Alsace

Tour 9

Häuserschluchten von der Festung in Belfort

Wie Zehen eines Riesens ragen die Ausläufer der Vogesen in die Rheinebene hinein, über die die Straße elegant hinwegführt. Oben tannengrüner Wald, unten liebliche zum Verweilen einladende Flusstäler und zwischendrin immer wieder kleine, mitunter reizvolle Ortschaften.

Bollwerk für die Ewigkeit

So zieht sich das Spielchen bis nach Belfort. Die Wiege des französischen Hochgeschwindigkeitszugs TGV, dem Pendant zum deutschen ICE, kann auf eine wahrlich imposante Geschichte hinsichtlich ihrer allgegenwärtigen Befestigungsanlagen blicken. Scheinbar wahllos verstreut und fast an jeder Ecke der Stadt ragen mächtige Wälle in den Himmel. Erst von oben, von der eigentlichen Festung aus, bekommt man einen Überblick über die riesige Anlage. Aber auch so manchen Einblick in das Leben fran-

Vosges Saônoises

zösischer Städter. Hier eine kleine Dachterrasse, auf der gerade gefrühstückt wird, dort ein Farbenmeer aus frisch gewaschenen Unterhosen und ein Autounfall – nur ein kleiner Blechschaden, bei dem geradezu babylonisch gestikuliert wird.

Von der Klassik in die Moderne

Die nächsten Kilometer, die nächsten Eindrücke. Und schon wieder ein ganz anderes Bild. Die Ortschaften scheinen fast unharmonisch zusammengewürfelt. Ganz entgegen der strengen Ordnung der Altstadt von Belfort oder gar der beseelenden Eintracht der Weindörfer im Elsass. Was eigentlich kein Wunder ist, fegte doch einst der Sturm so manchen Krieges über die kleinen Siedlungen hinweg und zerstörte gewachsene Dorfkerne. Was baufällig war, wurde durch Neues ersetzt. Als Ergebnis steht schon mal neben einem windschiefen Fachwerkhaus ein pompöser

Ronchamp – zeitlos modern

Tour 9

> **Tipp: Ferme-auberge**
>
> Wer Rummel und Abzocke entlang der Weinstraße nicht mehr ertragen kann, sollte eine Ferme-auberge besuchen. Hinter diesem Zauberwort versteckt sich so etwas wie ein Bergbauernhof mit Gastwirtschaft. Essen wie bei Großmuttern, museale Küche, Brotzeitstuben. In Wirklichkeit aber geben diese Beschreibungen den Zauber dieser elsässischen Institution nur sehr ungenau wieder. Am besten man probiert es selbst. Auf fast allen kleineren Strecken der Hochvogesentouren findet man die grünen Hinweistafeln – viel Spaß!

Bungalow. Oder neben einem alten Herrenhaus ein futuristischer Stahlbau. Klassik und Moderne fügen sich jedoch nicht immer zu einem gefälligen Ganzen zusammen.

Ganz anders in Ronchamp. Klar getrennt steht die supermoderne Kirche hinter der Stadt auf einem Hügel. Und bildet, so der Guide, mit der Landschaft eine Einheit. Nun, zum Glück liegt Harmonie im Auge des Betrachters. Ungemein interessant – das steht fest – ist der Bau allemal.

Borstenvieh Endurofahrer

Über Mélisey und Fresse führt der Weg in die Berge. Weiter und weiter schlängelt sich die Strecke immer tiefer in den Wald. Die Fahrbahn wird einspurig, der Belag holprig. Und dann geht's hinauf. Klein, eng, kurvenreich. Links Steilwand, rechts Abgrund, Spitzkehre und umgekehrt bis zur nächsten Haarnadel. Oben am Col du Stalon gibt's dann einen kleinen Parkplatz, von dem aus Wanderer und Mountainbiker ihre Touren starten. Die, so sollte man meinen, sind für Motorradfahrer unzugänglich. Doch nur ein paar Kurven später, als sich der Wald lichtet und sich Hochweiden ausdehnen, werden wir eines Besseren belehrt. Erst ein, dann zwei und schließlich eine ganze Gruppe von Enduros hüpfen wie Rehe aus dem Dickicht, um gleich jenseits der Straße auf einem Saumpfad zwischen den Wiesen zu verschwinden. Doch die schwindelerregende Trasse hinüber zum Col des Croix ist nicht minder spaßig. Am

Prachtexemplar: die Straße zum Col du Hundsrueck

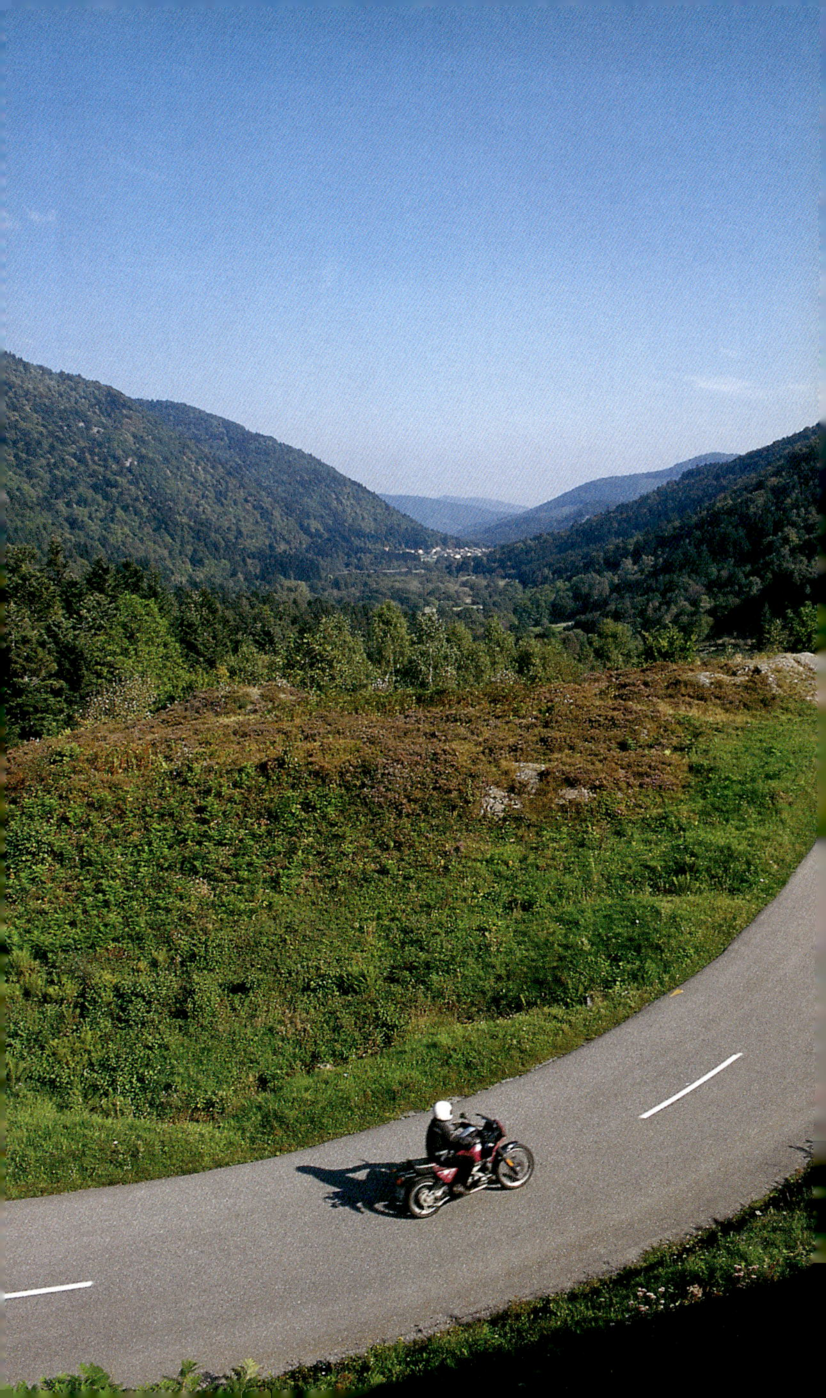

Tour 9

Löwenstark – Bartholdis Denkmal in Belfort

dortigen Restaurant kann man sich dann erst einmal einen Café au Lait genehmigen oder gleich rechts hinunterdüsen.

Tausend Tümpel

Eine paar Kilometer später haben uns die kleinen verwinkelten Wege wieder. Hinter Servance geht's ab in scheinbar menschenleere Gegenden. Nur wenige Orte, kaum

Vosges Saônoises

Tour 9

Vorige Seite: Herrlicher Blick aufs Dollertal

Fahrzeuge. Dafür umso mehr Kühe und fast verfallene Bergbauernhöfe. Und Weiher. So unglaublich viele, dass sie dem Plateau den Beinamen »mil étangs« (tausend Tümpel) einbrachten. So glitzert und spiegelt es natürlich überall.

Doch nicht nur die kleinen Wasserflächen machen dieses Hochplateau so anziehend. Es ist vielmehr der bezaubernde Charme einer alten Zeit, aus der auch fast alle Bewohner hier zu stammen scheinen. Die Jungen sind längst in die Industrieregionen entflohen. Ein bisschen Wehmut kommt da schon auf, wenn einem Oma und Opa auf einem Museumstrecker begegnen.

Fang den Lokalmatador

Wieder unten im Tal führt die Strecke nach St. Maurice-sur-Moselle. Neben dem Ursprung der Mosel findet sich hier vor allem der Abzweig hinauf zum Ballon d'Alsace. Die weiten Haarnadelkurven sind der richtige Stoff für die Lokalmatadoren der heimischen Sportlerfraktion. Und so findet sich hier natürlich am Wochenende alles ein, was Rang und Namen hat.

Viel interessanter dagegen ist die Abfahrt vorbei am Lac d'Alfeld. Dutzende schnell aufeinander folgende Kombinationen lassen das Bike von einer Ecke in die andere fliegen. Sagenhaft schraubt sich das Asphaltgewinde in die Tiefe. Dann ist Erholung angesagt, denn bis Masevaux passiert wenig. Nun sind es nur noch eine Hand voll Kilometer bis zum Ausgangspunkt. Doch die Zielgerade wird zur Passstrecke, die es in sich hat. Über den Col du Hundsrueck lässt es sich noch einmal so richtig am Quirl drehen – gerade recht zum Ausklang der Tour.

9
FRANKREICH
415
Fraize
Meurthe
Lapoutroie
66
Gérardmer
Vosges
Remiremont
E23
Vagney
La Bresse
Hohneck
1362
Munster
Cornimont
1267
Petit Ballon
Kruth
Moselle
Le Thillot
Bussang
Col de Bussang
731
1176
Le Markstein
Grand Ballon
1472
Guebwiller
Col des Croix
678
Saint-Maurice
Ballon d'Alsace
1247
Saint Amarin
E512
Faucogney-et-la-Mer
486
La Mer
Servance
L'Ognon
1178
Col du Ballon
Col de Hundsrueck
748
Thann
Vieux-Thann
Wittelsheim
Mélisey
Plancher-les-Mines
Le Rahin
Masevaux
Lauw
Sentheim
Giromagny
Rougemont-le-Château
Champagney
465
Etueffont
Ronchamp
19
E54
Valdoie
36
Belfort
Bavilliers
419
Altkirch
Héricourt
E60
83
Montbeliard
Audincourt
Valentigney
Seloncourt
6
SCHWEIZ
Porrentruy
Route
10 km

Tour 9

INFORMATION

Thann
Office de Tourisme
6, Place Joffre
F-68800 Thann
Tel. 0033/389/37 96 20
www.ville-thann.fr

Belfort
2 bis, rue Clémenceau
F-90000 Belfort
Tel. 0033/384/55 90 90
www.ot-belfort.fr

ESSEN & TRINKEN

Bourbach-le-Haut
Ferme-auberge des Buissonnets
F-68290 Bourbach-le-Haut
Tel. 0033/389/38 85 87
Praktisch auf der Strecke zum Col du Hundsrück liegt der Gasthof rund zwei Kilometer nach Bourbach. Spezialitäten: Bergbauern-Menü, Kartoffeln mit Käsehaube, Vesper. Täglich außer Montag und Dienstag geöffnet. Übernachtung möglich

Niederbruck
Ferme-auberge de l'Entzenbach
Bernard Leiser
F-68290 Niederbruck
Tel. 0033/389/82 45 49
Von der Kirche aus gelangt man über einen gut befahrbaren Waldweg nach zwei Kilometern zu einem Parkplatz, von hier aus sind es 150 Meter bis zum Gasthof. Spezialität: Vesper; andere Speisen auf Bestellung. Direktverkauf von Bergkäse und Speck. Täglich geöffnet, Reservierung erforderlich

UNTERKUNFT

Baldersheim
Hotel Au Cheval Blanc
27, Rue Principale
F-68390 Baldersheim
Tel. 0033/389/45 45 44
Fax 0033/389/56 28 93
www.hotel-cheval-blanc.com
Garage, Trockenraum
€€

Bussang
Hôtel-Restaurant Col de Bussang
F-88540 Bussang
Tel. 0033/329/61 50 04
Fax 0033/329/61 51 52
www.coldebussang.com
Trockenraum, Werkzeug, Waschplatz, Tourentipps
€€

Le Val d'Ajol
Landgästehaus Relais Vert
5, Les Paris
F-88340 Le Val d'Ajol
Tel. 0033/329/30 01 56
Fax 0033/329/30 06 45
Trockenraum, Schrauberecke
€€

St. Maurice-sur-Moselle
Hôtel le Rouge Gazon
F-88560 St. Maurice-sur-Moselle
Tel. 0033/329/25 12 80
Fax 0033/329/25 12 11
www.rouge-gazon.fr
€€

KARTE

Generalkarte Vogesen-Elsass-Schwarzwald, 1:200000, Mairs geographischer Verlag.

SEHENSWERTES

Belfort
Die Hauptsehenswürdigkeit Belforts ist leicht zu erkennen, da fast die ganze Stadt einer riesigen Befestigungsanlage ähnelt. Wer den beschwerlichen Gang hinauf bis zum eigentlichen Fort wagt, wird mit einer tollen Aussicht belohnt. Das Fort selbst beherbergt das Museum für Geschichte und Kunst (täglich außer Dienstag 10–12 und 14–17 Uhr, Tel. 0033/384/54 25 51). www.ot-belfort.fr

Ronchamp
Notre-Dame-du-Haut
Tel. 0033/384/20 65 13
Die Kapelle gehört wohl zu den wichtigsten Sakralbauten der Moderne, ihr Architekt Le Corbusier gehört zu den einflussreichsten Baukünstlern und Städtebauern des 20. Jahrhunderts. April bis September täglich außer Dienstag, 9.30–18.30, sonst 10–16 Uhr.
www.ronchamp.net

Thann
Die gotische Stiftskirche Collégiale Saint-Thiébaut gehört zu den schönsten im Elsass. Besonders bemerkenswert ist das mit 450 Figuren bestückte Portal sowie das Chorgestühl.
www.ville-thann.fr

VERANSTALTUNGEN

Haguenau
Fête du houblon:
Am letzten Wochenende im August feiert Haguenau sein Hopfenfest, bei dem internationale Trachtengruppen an einem Umzug teilnehmen.

Roadbook 9 Vosges Saônoises

Vosges Saônoises – Info

Nr.	km	Position	Richtung	Information		Road
20	210	Thann				D 14 BIV — 15,3 km
19	194,7	Masevaux	↱	in Richtung Col du Hundsrück/Thann – viele schöne Brunnen im Ortskern	)·(🌼	D 466 — 18,7 km
18	176		↱	in Richtung Sewen/Masevaux – nette Ferme-auberge rund 1,5 km nach dem Pass links	)·(❇ ❌	D 465 — 12,5 km
17	163,5	St. Maurice-sur-Moselle	↱	in Richtung Ballon d'Alsace – links am Ortsende der Moselursprung	✱	N 66 — 14,4 km
16	149,1		↱	in Richtung Col des Croix/le Thillot	)·(	D 236 — 14,3 km
15	134,8	Faucogney-e.-L.-Mer	↱	in Richtung Esmolières – über das Plateau der tausend Tümpel		D 315 — 11,9 km
14	122,9	Servance	↱	in Richtung la Mer		D 486 — 8,3 km

Tour 9

Nr.	km	Position	Richtung	Information	Road	Distance
13	114,6	Col des Croix	↱	in Richtung Servance – oben am Pass ein kleines Café-Restaurant	D 16	38,3 km
12	76,3	Mélisey	↰	in Richtung Fresse/Plancher-les-Mines	D 73	8,7 km
11	67,6		↰	in Richtung Mélisey	N 19	5,1 km
10	62,5	Ronchamp	↰	kleiner Abstecher zur Chapelle Notre-Dame-du-Haut lohnenswert	D 4	5,1 km
9	57,4	Champagney	↓		D 219	3,4 km
8	54		←	in Richtung Champagney	D 24	10,4 km
7	43,6	Valdoie	↱	in Richtung Evette-Salbert	D 13	3,3 km
6	40,3	Belfort	↰	in Richtung Giromagny – am Kongresscenter links halten und hinauf zum Fort	D 465	15,1 km

Vosges Saônoises – Info

Architekt und Künstler Le Corbusier:

Auf dieser Tour durch die Vogesen begegnen wir einer der eindrucksstärksten Kirchen der Moderne, le Corbusiers Ronchamp. Le Corbusier ist aber kein unumstrittener Vertreter seiner Zunft gewesen. Das mag auch daran liegen, dass er auf vielen Feldern ambitinoniert war: Er arbeitete nicht nur als Architekt und Städteplaner, er war auch Maler, Zeichner, Bildhauer, Möbeldesigner. Heute nehmen ihn die meisten an Kulturgeschichte Interessierten als Architekten und Möbeldesigner wahr. Beispielsweise stammt eines der Häuser in der Stuttgarter Weißenhof-Siedlung von ihm. In vielen modern gestalteten Wohnungen sieht man seine Chaise Longue LC4, manchmal spöttisch »Verbogenes Fahrrad« genannt. Seinem Gesicht begnet man dagegen am ehesten bei einem Ausflug in die Schweiz. Er ist auf dem 10-Franken-Schein abgebildet.

	D 12 9,9 km	D 466 6,1 km	D 36 6,1 km	N 66 3,1 km	N 66 0 km
	in Richtung Eloj/Valdoie	in Richtung Rougemont – in der Ortsmitte links, am Ortsausgang rechts halten	in Richtung Sentheim	in Richtung Leimbach	in Richtung Mulhouse
	⌐	⌐	⌐	⌐	
	Etueffont	Lauw	Bourbach	Vieux-Thann	Thann
	25,2	15,3	9,2	3,1	–
	5	4	3	2	1

129

Tour 10

Von Kurven und Karpfen

Sundgau

TOUREN-CHECK

🕐 ca. 4 Stunden 🏍 159 Kilometer

🏍 Tour ohne nennenswerte fahrerische Ansprüche. Daher eignet sich diese Runde besonders gut als Vorbereitung für die anderen Strecken. In der Schwierigkeitsskala für Motorradfahrer (1 leicht, 10 sehr anspruchsvoll) verdient diese Tour eine 4.

Nicht unbedingt fahrerisch hochgesteckte Ansprüche oder einsame Gegenden machen das Sundgau für Motorradfahrer interessant. Vielmehr sind es die liebenswürdigen Orte und vor allem der Gaumenschmaus am Wegesrand.

Hat man sich erst einmal durch den Großstadtdschungel von Mulhouse gekämpft, dürfte man so richtig in Stimmung für eine erholsame Tour sein. Da kommt der Süden des Elsass gerade recht. Besonders an Sonn- oder Feiertagen, wenn nördlich der Autobahn mancherorts Volksfeststimmung tobt oder zumindest das damit einhergehende Verkehrschaos. Beschaulich, ja geradezu verträumt liegen Streuobstwiesen umrahmt von Äckern und Feldern, locker verteilt über eine wogende Weite.

Sundgau – hier verschmelzen die Kulturen

Tour 10

Das ehemalige Rathaus von Mulhouse

Altes Land

Touristisch und wirtschaftlich schlummert das ländliche Sundgau allerdings in einem Dornröschenschlaf. Die sanft gewellte Agrarlandschaft zwischen Mulhouse, Basel und dem Schweizer Jura profitiert durch die Nähe zu den Ballungszentren. In manchen Orten arbeitet jeder Zweite in der Schweiz. Landwirtschaft wird fast ausschließlich im Nebenerwerb betrieben, und die Arbeitslosenquote ist die niedrigste Frankreichs. Bemerkbar macht sich dieser Wohlstand durch die vielen herrlich gepflegten Dorfkerne und schön renovierten Fachwerkhäuser.

Schon im Mittelalter wurden in der regenreichen Region Flüsse und Bäche zu Weihern gestaut. Damals wie heute liegen in der grünen, hügeligen und waldreichen Gegend jede Menge Fischteiche – hier werden die Karpfen aufgezogen, die später als Sundgauer Spezialität »carpes frites« auf den Tellern landen. Wohlgemerkt in Eigelb und Mehl gewälzt und später in Fett herausgebacken. Eine richtig traditionsreiche Hausmannskost, die noch nicht durch die Weihen der höheren Gastronomie veredelt wurde. Besonders auf den »Routes de la carpe frite«, den Straßen des fritierten Karpfens, die durch die drei Täler der Flüsse Largue, Ill und Thalbach führen, kann in praktisch jedem Restaurant diese Köstlichkeit probiert werden.

Sundgau

Gemäß dem Landschaftsbild verläuft auch die Strecke: leicht kurvig über dezente Wellen im Gelände. Hier und da ragt ein Betonklotz der Maginot-Linie aus den Weiden, und ein verträumter Weiler folgt dem nächsten. Von Folgensbourg aus ist es nur ein Steinwurf bis Basel, und auch auf den nächsten Kilometern bietet sich ein Abstecher in die Schweizer Metropole an.

Eine der schönsten Aussichten nach hüben und drüben hat man bei Leymen vom Bergfried des Château Landskron. Wie viele Burgen wurde auch sie im Laufe der Zeit

NAINS
LUPPACH
BOUXWILLER
DURMENACH
MULHOUSE
CHATEAU
HEIDEFLUH
SONDERSDORF
RAEDERSDORF
OLTINGUE
RODERSDORF

neuen Waffensystemen angepasst, nach und nach zur Festung ausgebaut, zerstört und schließlich wieder saniert. Vom Parkplatz aus sind es rund zehn Minuten zu Fuß, die sich allerdings lohnen.

> **Legende Bugatti**
>
> Als Sohn eines Kunsttischlers – heute würde man Möbeldesigner sagen – wurde Ettore Bugatti in Mailand geboren. Zwischen 1907 und 1939 entstanden in seinem Automobilwerk in Molsheim die legendären exklusiven Sport- und Luxuswagen. Bugatti feierte zahlreiche Erfolge bei Autorennen, in denen er oft selbst am Steuer saß. Die weltweit umfangreichste Sammlung seiner Fahrzeuge findet sich in Mulhouse.

Von Leymen geht es dann nach Oltingue, dem größten der kleinen Orte am Oberlauf der Ill. Zweigt man hier nun nicht wie im Roadbook geschildert nach rechts, sondern nach links ab, entdeckt man einen schön gestalteten Dorfkern. Mittendrin natürlich die Kirche und gleich daneben das »Musée Paysan«. Das ehemaligen Gasthaus aus dem 16./17. Jahrhundert beherbergt heute ein Heimatmuseum, in dem viele Utensilien aus dem Alltagsleben vergangener Jahrhunderte gezeigt werden. Wer es einrichten kann, sollte das Museum unbedingt sonntags besuchen. Dann, wenn hauptsächlich einheimische Besucher durch die Ausstellungsräume wandeln, merkt man, wie stolz die Bewohner hier auf ihre Bräuche und Traditionen sind.

Ein Hauch von High-Society

Erst bei Ferrette, am Rande des Jura, wird die Sache hügeliger. Der Ort selbst ist wohl das hübscheste Städtchen im Sundgau. Burg und Altstadt thronen auf einem 613 Meter hohen Felsen. Wer einen kleinen Fußmarsch über die gut ausgeschilderten Wege auf sich nimmt, sieht an klaren Tagen über die Vogesen, das Rheintal, die Jura-Ausläufer und den Schwarzwald. Und auch ein kleiner Hauch von High-Society durchzieht die ehrwürdigen Gemäuer, trägt doch der Fürst von Monaco noch heute den Titel des Grafen von

Trutzige Kirche in Ferrette

Tour 10

Ferrette. Gleich dahinter wiegt sich die Strecke den ersten Höhenzügen entgegen, die so manchen Blick über die Felder und Wiesen bietet. Mit jedem weiteren gefahrenen Kilometer windet sich die Route mehr und mehr. Im Lucelle-Tal angekommen, lässt es sich famos schwingend neben und über das kleine Bächlein tanzen. Dabei markiert das linke Ufer die Schweiz, das rechte Frankreich. Lustig wird's beim Überqueren der kleinen Brücklein: jedes Mal ein Grenzübertritt. Von der ehemaligen Zisterzienserabtei - Lucelle, in dem mit 53 Seelen kleinsten Ort des Oberelsass, sind nur die Grundmauern übrig geblieben.

Fahrtechnischer Leckerbissen

Vom landwirtschaftlich stark genutzten östlichen Teil des Sundgaus gelangt man ab Winkel in den eher kargen Westen. Hier dominieren insbesondere Viehweiden und Wälder auf den Hügelkuppen. Wenig befahrene und gut ausgebaute Sträßchen sorgen für entspanntes Dahingleiten. Ein kleines Bonbon für alle, die gerne mal ihr Motorrad etwas abseits geteerter Straßen bewegen möchten, gibt's ab Fulleren. Hier führt der Weg auf rund vier Kilometern über eine Schotterstrecke durch den Wald. Mehrere Querrinnen und Schlaglöcher würzen diesen Abschnitt, der aber trotzdem für Tourer und Sportler gut zu befahren ist. Wer sich unsicher fühlt, bleibt in Fulleren auf der Hauptstraße und gelangt über Carsbach nach Hirtzbach und wieder auf die Roadbookroute. Nach einer ganzen Reihe weiterer kleiner Orte, die alle ihre einstigen Namen wie Hundsbach, Tagsdorf oder Landser behalten durften, erreicht man wieder das quirlige Mulhouse.

Das Heimatmuseum in Oltingue

10
Petit Ballon
1267
FRANKREICH
Cornimont
Kruth
Le Markstein
1176
Rouffach
66
1472
Grand
Ballon
Guebwiller
Issenheim
Canal du Rhône-au-Rhin
Rhein
Moselle
Ballon
d'Alsace
1247
83
Cernay
Thann
430
5
E35
E512
Wittelsheim
Masevaux
66
MULHOUSE
T
E
A
Rixheim
E54
36
Burnhaupt
le-Bas
E60
35
DEUTSCHLAND
Balschwiller
Steinbrunn
le-Bas
Landser
Belfort
Dannemarie
Sierentz
E25
Altkirch
A
Tagsdorf
Hirztbach
Kappelen
Hundsbach
Weil
am Rhein
19
Fulleren
Hirsingue
Suarce
Mertzen
Ranspach
Grentzingen
Seppois
Folgensbourg
Réchesy
Waldighofen
BASEL
Ferrette
Oltingue
Leymen
Courtavon
Winkel
18
6
Lucelle
Porrentruy
Delémont
18
SCHWEIZ
Moutier
6
Route
10 km
Solothurn
5
1
5
1

INFORMATION

Altkirch
Office de Tourisme
Place Xavier Jourdain
F-68130 Altkirch
Tel. 0033/389/40 02 90
www.ot-altkirch.com

Ferrette
Office de Tourisme
F-68480 Ferrette
Tel. 0033/389/08 23 88
www.jura-alsacien.net

Mulhouse
Office de Tourisme
9, Avenue Maréchal-Foch
F-68100 Mulhouse
Tel. 0033/389/35 48 48
www.tourisme-mulhouse.com

ESSEN & TRINKEN

Kiffis
Restaurant Aux Forges
Familie Walther
F-68480 Kiffis
Tel. 0033/389/40 33 06
Spezialität: Tournedos mit Morcheln, Châteaubriand, Forelle blau.

Lucelle
Restaurant Relais de l'Abbaye
Nicole Berto, Maison St-Bernard
F-68480 Lucelle
Tel. 0033/389/08 13 13
Spezialität: Vierjahreszeiten-Menü, Karpfen ohne Gräten.

Vieux Ferrette
Käseladen von Bernard Antony
Rue Montagne
F-68480 Ferrette
Tel. 0033/389/40 42 22
Hier gibt's ausgezeichneten Käse. Wer möchte, kann nach Voranmeldung auch eine Käsedegustation mitmachen.

UNTERKUNFT

Baldersheim
Hotel Pension Au Cheval Blanc
27, Rue Principale
F-68390 Baldersheim
Tel. 0033/389/45 45 44
Fax 0033/389/56 28 93
www.hotel-cheval-blanc.com
Garage, Trockenraum
€€

Lucelle
Hôtel-Restaurant du petit Kohlberg
F-68480 Lucelle
Tel. 0033/389/40 85 30
Fax 0033/389/40 89 40
www.petitkohlberg.com
€€

KARTE

Generalkarte Vogesen-Elsass-Schwarzwald, 1:200000, Mairs geographischer Verlag.

MOTORRADFAHREN

Da ein großer Teil dieser Tour über kleine und teilweise unsäglich holprige Sträßchen führt, sind hier Reiseenduros und Tourer im Vorteil. Fahrer von Sportlern oder Choppern sollten sich eher an die gelben Straßen auf der Karte halten. Wer am Wochenende und besonders am Sonntag nicht in St.-Dié vollgetankt hat, bekommt lediglich in Gérardmer Benzin.

SEHENSWERT

Mulhouse
Universitätsstadt mit hervorragenden technischen Museen
Renaissance-Rathaus mit historischem Museum (Place de la Réunion, Mai bis Oktober täglich außer Dienstag 10–12 und 14–18 Uhr)

Musée National de l' Automobile mit Oldtimern und der größten Bugatti-Sammlung (192, Avenue de Colmar, täglich außer Dienstag 10–18 Uhr)

Musée Français du Chemin de Fer (Eisenbahnmuseum, 2, rue Alfred Glehn, täglich 9–17 Uhr)

Stoffdruckmuseum, Kunst-, Tapeten- und Keramikmuseum, Zoo (1, Avenue de la 9ème Div. Infant, Coloniale, täglich 9–17 Uhr)

Panoramarestaurant im Tour de l' Europe, Kunst und Theater im Kulturzentrum (20, Allée Nathan Katz)

Floh- und Trödelmarkt im April, 21. Juni Musikfest, Jahrmarkt und Messe im August
www.tourisme-mulhouse.com

Oltingue
Maison du Sundgau
10, rue Principale
F-68480 Oltingue
Tel. 0033/389/407924
Bauern- und Heimatmuseum (15.6.–30.09. Dienstag, Donnerstag, Samstag 15–18 Uhr, Sonntag 11–12 und 15–18 Uhr, sonst nur Sonntag 14–17 Uhr).
www.oltingue.net

Roadbook 10 Sundgau

Sundgau – Info

	D 201 12,7 km	D 6 BIS 15,6 km	D 16 3,3 km	D 16 II 5,5 km	D 9 BIS 5,0 km	D 25 2,9 km	D 17 1,5 km
Information				*		*	

Nr.	km	Position	Richtung	Information
24	158,3	Mulhouse		
23	145,6		↰	in Richtung Mulhouse
22	130	Tagsdorf	↓	in Richtung Landser
21	126,7	Hundsbach	↰	in Richtung Hausgauen/Altkirch
20	121,2	Grentzingen	↰	in Richtung Willer
19	116,2	Hirsingue	↑	in Richtung Waldighoffen/Grentzingen
18	113,3	Hirtzbach	↑	in Richtung Hirsingue

Tour 10

Nr.	km	Position	Richtung	Information	Route
17	111,8			Ender der Schotterstrecke	RF / 6,6 km
16	105,2	Fulleren		Strecke wird nach 3 km geschottert, für Tourer und Sportler gut zu befahren	D 16 / 2,1 km
15	103,1	Mertzen		in Richtung Fulleren/Altkirch	D 7 / 3,3 km
14	99,8	Manspach		in Richtung Altenach/Seppois-le-Bas	D 14 BIS / 6,5 km
13	93,3	Suarce		in Richtung St. Ulrich	D 13 / 6,9 km
12	86,4	Réchésy		in Richtung Lepuix-Neuf/Suarce	D 24 / 4,9 km
11	81,5	Pfetterhouse		in Richtung Réchésy	D 41 / 5,4 km
10	76,1	Courtavon		in Richtung Liebsdorf/Pfetterhouse/Delle	D 41 / 6,5 km

Sundgau – Info

#	km	Ort	Richtung	Route	Distanz	Symbole
9	69,6	Winkel	↱	in Richtung Oberlarg	D 41	13,8 km
8	55,8		↑	in Richtung Lucelle – in Lucelle nicht über die Schweizer Grenze, sondern rechts	D 21 B	13,9 km
7	41,9	Ferrette	↰	in Richtung Kiffis/Sondersdorf/Lucelle – in Ferrette Richtung Lucelle halten, dann aber links weiter nach Kiffis	D 41	7,3 km
6	34,6	Ottingue	↱	in Richtung Fislis/Bouxwiller/Ferrette – zum Museum am Abzweig im Ort links statt rechts	D 23	1,1 km
5	33,5	St.-Blaise	↱	in Richtung Oltingue	D 9 BIS	7,4 km
4	26,1	Leymen	↱	in Richtung Liebenswiller	D 12 B	4,7 km
3	21,4	Folgensbourg	↱	in Richtung Leymen	D 463	15,0 km
2	6,4	Steinbrunn-le-Bas	↱	in Richtung Folgensbourg	D 21	6,4 km
1	–	Mulhouse		in Richtung Altkirch		

Register

Abreschviller 50
Allarmont 48
Arzviller 46
Aubure 71
Auburé 105

Bad Bergzabern 26
Badonviller 48
Ballon d'Alsace 124
Bas-Rupts 94
Basel 132
Belfort 118, 122
Bitche 27
Bruyères 98
Bundenthal 27

Carsbach 136
Champ du Feu 58
Château Landskron 133
Château le Hunebourg 36
Cheniménil 98
Cirey-sur-Vezouze 49
Col Amic 73
Col d'Hahnenbrunnen 73
Col d'Oderen 83
Col d'Urbeis 60
Col de Bramont 86
Col de Bonne Fontaine 98
Col de Herrenfluh 73
Col de la Schlucht 72
Col de la Charbonnière 59
Col de Mandray 60
Col de Morbieu 95
Col de Sapois 93
Col de Steige 59
Col de Wettstein 15
Col des Moinats 85
Col des Croix 120
Col des Feignes 94
Col du Bonhomme 60
Col du Donon 47, 49
Col du Hundsrueck 120f
Col du Kreuzweg 60
Col du Mont de Fourche 96
Col du Saverne 50
Col du Silberloch 73
Col du Stalon 120
Colmar 69, 105f, 112
Corcieux 85
Cornimont 86

Diemeringen 36
Docelles 98
Donon 45

Eloyes 98
Eppenbrunn 27
Fellering 88
Fischbach 27
Folgensbourg 133
Foucogney-et-la-Mer 96
Four à Chaux 28
Fraize 60

Fresse 120
Froeschwiller 35

Gérardmer 93, 98
Grand Ballon 73
Granges-sur-Vologne 85
Grendelbruch 57
Guebwiller 73

Hachimette 71
Haguenau 38
Haut Barr 49
Hohlandsbourg 106
Hohneck 70
Hunspach 25, 26
Husseren 106

Ingwiller 38
Isenheimer Altar 107

Jarménil 98

Königsburg 108
Kruth 86

la Bresse 85, 88, 94
la Petite-Pierre 36
Lac d'Alfeld 124
Lac de Longeme 94
Lac de Longemer 86
Lauter 28
le Haut du Tôt 85
le Hohwald 60
le Markstein 73
le Puid 82
le Tholy 85, 98
Lembach 28
Lemberg 36
les Rouges-Eaux 84
les-Trois-Epis 70
Leymen 133, 135
Lichtenberg 37
Lucelle-Tal 136
Lutzelbourg 45
Lützelstein 36f

Maginot-Linie 133
Markstein 112
Masevaux 124
Mélisey 120
Mont-Ste.-Odile 60
Morsbronn 35
Mulhouse 105, 132, 136
Munster 74

Natzweiler-Struthof 57
Niedermorschwihr 106f

Oberbronn 35
Obernai 57
Oltingue 135
Orbey 71
Outre-Forêt 25

Pays de Hanau 37
Petit Ballon 73
Phalsbourg 50
Pierre Percée 48

Raon-l'Etape 48, 83
Reichshoffen 35
Remiremont 98
Remy 83
Ribeauvillé 108
Riquewihr 108, 112
Rocher de Dabo 46
Ronchamp 119
Rosheim 110
Rothbach 38
Route des Crêtes 72
Russ 57

Saulxures-sur-Moselotte 94
Savoir-vivre 7
Schirmeck 47, 57
Schloss Berwartstein 28
Schoenenbourg 26
Schoenenbourg 26
Senones 82
Servance 120
Silbertal 9
Soultzmatt 73
St.-Dié 81, 86, 88
St. Etienne 98
St. Jean-d'Ormont 82
St. Maurice-sur-Moselle 124
Ste.-Marie-aux-Mines 60
Straiture-Schluch 86
Strasbourg 106
Struthof 57

Thann 117
Thannenkirch 112
Turckheim 69, 107

Uffholtz 73
Urmatt 47

Vagney 85
Vieux-Thann 117

Walscheid 50
Wild- und Wanderpark Silz 26
Wimmenau 37
Wissembourg 25, 28

Biken im Land des Lavendels und der Küstenparadiese

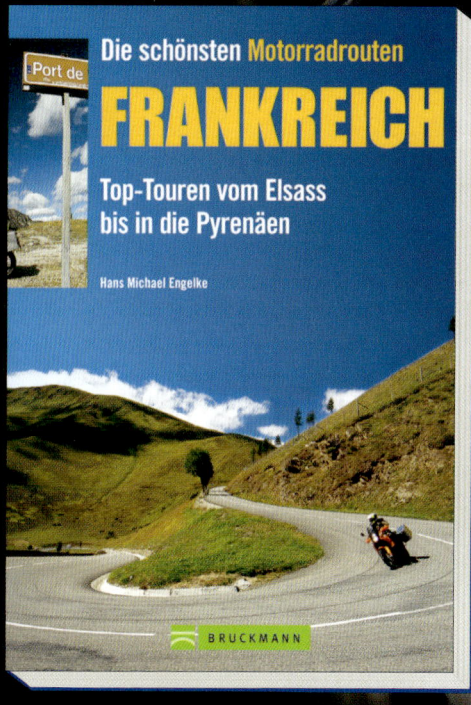

Die schönsten Motorradrouten

FRANKREICH

Top-Touren vom Elsass bis in die Pyrenäen

Hans Michael Engelke

BRUCKMANN

ISBN 978-3-7654-4437-1

Das komplette Programm unter www.bruckmann.de

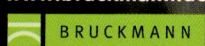

BRUCKMANN

*Zum Abschied noch ein paar
Kratzer am Seitenständer ...*